//百家讲坛《二战风云人物》主讲人马骏博士精心点评//
//北京大学管理哲学与企业战略董事长高级研修班课程//
//中国人民解放军最高学府国防大学必修课程//

The Ways of Being Excellent Leader

为将之道

二战名将的成长之路与管理艺术

马骏 著

中国青年出版社

目录

一个君主应该具有双重性格——狮子一样的凶猛，狐狸一般的狡猾；而聪明的君主则知道，什么时候当狮子，什么时候当狐狸。曾经四次担任美国总统的富兰克林·罗斯福就是这样一个知道什么时候当狮子、什么时候当狐狸的政治家。在第二次世界大战时期，他娴熟地驾驭自己的双重性格，不仅赢得了战争的胜利，而且还锻造了一个霸权的美国。

从前，他从来没有担任过任何一级的指挥官，然而，当历史选择他担任最大规模盟军统帅后，却指挥得有声有色，有板有眼；从前，他是一位名不见经传的参谋军官，然而，一旦历史需要，他竟让所有资历超过他的高级将领赞叹有加……

在军事领域，名将之所以是名将，也同企业界一样，正在于他们对军队管理的有效性。如果做不到"卓有成效"，就谈不上什么辉煌的战绩。苏联就有这样一位名将，他毕生都注重"成效"，使自己成为一名极少打败仗的常胜将军。

2006年初，法国展开了一次"谁是法国现代最杰出的总统和哪位总统对国家的发展贡献最大"的大讨论。结果显示，戴高乐在民众心中的威望最高，39%的受访者认为他是最杰出的总统，他对国家的发展贡献最大。那么，戴高乐为什么在其身后30多年仍然在法国民众中有如此魅力呢？一位法国老人说：因为他把国家最耻辱的一页掀了过去，并魔术般打造了一个新法国！

这是一个具有狼一般性格的人：在战争中，他打的胜仗如同狼的捕获量一样大；尽管他也曾像狼一样有过失败的捕猎经历，然而，他却把失败的捕猎作为磨炼自己的技能及增添追求成功的动力。有人说，他是一名笑对失败、超然前进的将军。

序言

战争是人类社会中一个常见的社会现象，据挪威历史学家统计，自有文字记载的5560年中，人类共发生14531次战争，平均每年2.6次。瑞士科学家曾用计算机进行85万次的运算，得出：从公元前3200年到现在，在5000多年间，世界上共发生14513次战争，夺去36.4亿人的生命。在这期间，只有296年没有战争。

战争史不是一条从远古铺向未来的通衢大道，而是汇纳千万条水系直奔大海的巨流。自从有了战争，就有了战争的弄潮儿，即战争的统帅或将领。我们透过厚厚的战争历史帷幕，可以看到在历史长河中，每一个转折点都有优秀的统帅或将领或安邦兴国，立百年之霸业；或镇妖清氛，挽狂澜于既倒。有时，他们表现出必然性的坚定，有时，却又显示出偶然性的神奇。法国著名军事家萨克森元帅曾说："我恳请每一个军人，去看一看历史上名将成长的道路吧，这将教会你们如何在如临深渊的战争领域走到我今天这个位置。"1992年，我在拙作《外国战争史与军事学术史》一书的前言中，也从历史认识论的角度分析名将成长的特点："纵观古今中外的战争，不难发现所有的军事将领都是根据自己的需要和能力，借鉴前人总结的作战经验，采用前人的战略战术，再加上自己的一些新东西而逐渐成长起来的。"

对于绝大多数军人来说，从当兵那天起，就有着丝丝缕缕当将军的愿望，这正应了"不想当元帅的士兵不是好士兵"这句话。于是，当元帅、当将军是绝大多数军人的一个梦想。

问题在于,当一名好的将军、当一位名将应该具备哪些素质呢？这里,我选择了第二次世界大战期间几个世界著名的战争统帅,试图从他们的经历与个性中总结出一位成功的将领应该具备哪些独特的个性。例如,巴顿善于激发军中士气,他的演说极富感召力;马歇尔胸怀宽广,以大局为重善于识才用才;艾森豪威尔超强的组织协调能力让他能够从容不迫地指挥历史上规模最大的盟军队伍……

值得提出的是,名将所具有的这些优秀素质以及他们成功的经验并不仅仅适用于军事领域。其实,军事领域与其他领域是相通的,很多规则同样适用于做人和做事。以企业界为例。名将是军队的优秀领导者,能征善战是判定名将的惟一标准。同样,在企业界也是如此。衡量一名优秀企业家的惟一标准,是能否以优质产品占领市场,创造更大的经济效益。企业的优质产品,就是军队过硬的战斗力。军队没有过硬的战斗力,就很难进攻如猛虎,守城如磐石。企业没有优质产品,也占领不了市场。市场一旦因产品质量问题而"得而复失",再想"失而复得",将更加困难。因为,"守住阵地要比夺回阵地付出的代价小",巴顿如是说。

名将性格各异,但是都有自己的作战理念。他们是职业军人,从事的专业就是打仗。然而,作战中,他们却不一定按规则出牌,大凡名将都熟读兵书,却不死守教条,以不变应万变,这就叫用兵之妙,存乎一心。企业亦然。市场千变万化,经常会出现经济学书本里没有阐述过的现象,因而,面对这样的市场,尽管企业家可能精通有关市场理论,但是还要具备不按常规出牌的能力。

名将能征善战最终是通过他的部队实现的,而打造一支进攻如猛虎、守城如磐石的部队,是任何名将的首要任务,也是为将之道的基本准则。名将为了能够打造这样一支部队,最重要的是他的德行以及由此产生的人格魅力。曾任西点军校校长的约翰·斯科菲尔德将军说:"……最好、最成功的指挥官,都是因为公正、坚定,加之和蔼可亲,才得到其下属的敬重、信赖和友爱。残酷和暴虐不会造就一支军队，只能摧毁一支军队。”名将爱兵所产生的感召力，恰恰转化为战场上的无穷战斗力。企业亦然。企业能否以优质产品占领与守住市场，还要通过企业员工的业务素质与敬业精神实现。如果一个企业家对其员工的正当要求漠然视之，甚至损害员工应得的利益，员工能产生多大跟随意识，为企业占领市场付出他的智慧与汗水?!

我在给北京大学董事长培训班学员授课时，课下他们围住我，感慨地说，做名将与做企业家道理是相通的，名将不会轻易丢掉阵地，因为夺回阵地要比守住阵地付出的代价大。企业也是这样，失去市场再要夺回，真是太难了。

因此，这本书对军外人士或许也会有所启迪。

本书记述的这九个第二次世界大战期间著名的战争将帅，其中有七位我曾经在中央电视台的《百家讲坛》节目中向全国广大观众介绍过。在这个基础上，我做了进一步的修改和完善。

马　骏

2005 年岁末于北京西郊

第一章

远在战争结束之前,巴顿就是一个传奇式人物。他引人注目,妄自尊大,枪不离身,笃信宗教又亵渎神灵。由于他外表之下有一颗善良的心,所以易受感动而流泪。他是一个奇妙的火与冰的混合体。他在战斗中炽热勇猛而残酷无情,他对目标的追求始终坚定不移。他决不是一个只知拼命的坦克指挥官,而是一个深谋远虑的军事家。他所经历的战斗场面超越历史上和他同时代的许多军事将领。然而,他不是一个和平人物。或许他宁愿在他所热爱的部下都在忠诚地跟随他的时刻死去。他的祖国会以同样的忠诚怀念着他。现在,历史已经伸出双手拥抱了巴顿将军。他的地位永恒,他在美国伟大的军事将领中名列前茅……

——《纽约时报》

这是一位性情中人，爱憎分明，优点与缺点都突出；这是一生都追求完美的人，无论何时都有着强烈的职业道德意识和荣誉感；这是一位典型的西方军人，勇敢与机智深深浸润入他的血液中……

狂而不自视超人的美军四星上将

乔治·巴顿

乔治·巴顿生于1885年11月11日。他的家族是个军人世家，老巴顿参加过美国南北战争。巴顿毕业于美国著名的西点军校，参加过第一次世界大战和对墨西哥的武装干涉。第一次世界大战结束后，他在夏威夷和本土担任过多个不同的职务，并被送到骑兵学校、陆军参谋学院和陆军大学学习。这期间，他形成了在未来战争中发挥坦克快速突击作战的思想。第二次世界大战爆发时，他升任第1装甲军军长，参加了卡萨布兰卡登陆作战。1943年，他任第7集团军司令，和英国名将蒙哥马利一起参加了在意大利西西里岛的登陆战役。1944年，他任第3集团军司令，参加了诺曼底登陆战役和阿登战役。1945年，他率部长驱渡过莱茵河，进抵德国。欧洲战场结束后，他由于反对肃清纳粹残余政策而引起轩然大波，被免去第3集团军司令职务，到有名无实的第15集团军任司令。1945年12月9日，正当他要退休回国前夕，突然在一次车祸中受伤，同年12月22日因伤重去世。

有德，是伟大的前提。军人最大之“德”在于他对战争事业的执著追求，并且能将这一操守坚持到最后。这一价值观使巴顿听从岳父的建议，选择了最能展现其战斗精神的武器，作为他通向辉煌的平台。

◆1◆ 听了岳父的一句话，成为美军装甲兵的创始人

坦克出现在战场是在第一次世界大战时期。第一次世界大战爆发后，交战双方陷入僵局。各国军事家都迫切要求制造一种既能进攻又能防守、还能运动的武器，来突破对方的防御阵地。当时，英国军官欧内斯特·斯温顿上校提出制造一种能够自动推进的机器，类似美国的履带拖拉机那样，能在一条连续的带子上前进。当时，陆军大臣基切纳反对这个提议。可是，海军大臣丘吉尔却给予支持。1915年2月，丘吉尔组建了一个“创建陆上巡洋舰委员会”进行研制试验。为了对德国人保密，还给这个新机器起了一个“水柜”(Tank)的名字，中文“坦克”就是它的音译。1916年9月15日，坦克第一次出现在索姆河战役中，并初战告捷。

初战告捷后，坦克名声大振，其他国家也纷纷仿效。法国军队在艾斯丁尼将军的力主下，于1917年生产出了可供作战的坦克。1918年，德国军队也生产出了坦克。

当时，巴顿正在美国著名将军潘兴上将手下任副官。副官，相当于现在的首长秘书，一切行动要围着首长转。巴顿是一个不受羁束的人，他喜欢到作战部队去指挥打仗，整天围着潘兴屁股后面转，对他来说简直是种折磨。于是，巴顿去找潘兴，要求调到作战部队去。

潘兴和巴顿非常熟，也很欣赏这个年轻军官。

潘兴有一个特点，他要求部下军容整齐，特别是不允许军官的皮鞋上有灰尘。有一次，还是在对墨西哥的武装干涉中，当部队急行军到达目的地后，军官们非常疲劳，顾不上擦皮鞋了。潘兴非

纵观古今历史，胜利总是摆动于矛和盾、城墙和炸药、战术和技术之间。——巴顿

常生气，批评了值日军官，命令大家立即起来擦皮鞋。这时，他看到巴顿的皮鞋还是那样铮明瓦亮，就告诉大家："就照他的样子做！"

这时，潘兴正思考在美军中建立一支坦克部队的问题。他听完巴顿的请求，点了点头说："好吧，你要离开这里，我没有意见。我提出两个职位供你选择，一是去指挥一个步兵营；二是去组建一支坦克部队！"

巴顿听后，心里不免一紧。为什么呢？因为，巴顿不愿意当步兵，他觉得步兵不过瘾，他最想去的是骑兵。巴顿的马术非常好，可以说，他对马术和剑术到了痴迷的地步。

这里还有个故事。

1912年，他和妻子比阿特丽丝去瑞典斯德哥尔摩参加军事五项全能运动会，顺道去法国旅游。妻子非常看重这次旅游，把它看作是他们的第二次蜜月。不曾想，巴顿把妻子带到了法国最富盛名的索米尔骑兵学校，听该校副校长、著名剑术大师克莱里讲课。回国后，他就研制了一种马刀，并且立即为骑兵部队所采用。当时，他因此被授予陆军第一剑术大师的称号。巴顿的家里还养了一群生龙活虎的赛马。

他太想当骑兵了！

可是，他知道潘兴的脾气是吐个唾沫都是钉，不能更改的。步兵不好，可是当时美军连一辆坦克都没有，组建什么坦克部队呀！巴顿曾经看到过坦克，但是由于当时坦克是新式武器，性能远远

不像后来那样先进，存在很大的争议。如果自己组建失败，证明坦克是无用的东西，那么不管战争为他提供多少良机，对他肯定也是不利的，甚至还会影响到他在陆军中的晋升。

巴顿拿不定主意了。他想起了岳父艾尔。艾尔是一位社会名流，是当时马萨诸塞州的一位纺织巨头。巴顿非常信赖岳父，他把自己的想法写信告诉了岳父。当时，他的岳父住在波士顿，为了避免战争时期信件检查，他是托朋友把这封信直接送到岳父手中的。

艾尔的回信非常及时。信中说："我是一个爱好和平的人，对战争一无所知。这里，我对你的建议是，应该选择那些你认为对敌人打击最沉重、对自己伤亡最小的武器！"

看完岳父的信，巴顿立即去找潘兴，他说："长官，我决定去坦克部队。我怀着一种特别的热情接受新的任命，因为我相信我能用轻型坦克给敌人最大的杀伤，而使我们付出的代价最小。"

1917年11月9日，巴顿接到正式命令，组建坦克部队。

巴顿有个脾气，一旦决定的事情，就马上投入进去。他很快学会了驾驶坦克，成为美军第一位坦克手。接着，他在马恩河上游的朗格勒建立了一个坦克兵训练中心。当时，这个中心只有他会开坦克，所以，他每天忙得不可开交，每一辆坦克都要经他亲自操作。然而，巴顿对坦克投入了极大的热情，钻研坦克训练和战术方法。最初的坦克非常原始，里面一团漆黑，巨大的噪声使得坦克手无法用语言联络。怎么办？巴顿就让坦克手用身体语言联络：用脚踢一下驾驶员的后背就是前进；用手摸一下驾驶员的头就是停车。

就这样，巴顿在不到半年的时间里组建了6个坦克连，而这6个坦克连被美军公认为是作战能力最强的部队。巴顿成为了美军装甲部队的创始人。

在一切土地上都总是存在着使人们分离的力量和使人们聚合的力量。——罗斯福

军队是由个人组成的整体，这个整体需要黏合剂。这种黏合剂通常是荣誉法则。而荣誉法则依赖于共同价值观指导下的纪律。诚实无欺——是巴顿带兵理念最为素朴的本质。

◆2◆ 听了一个故事，巴顿成为美军中要求部下军纪最严、训练最苦的将军

巴顿在美军有一个外号，叫做“赤胆铁心”。他的部下说：“这个外号最能反映巴顿的尚武个性，他用这几个字把他的部队锻造成美军最有战斗力的部队！”

战争是来不得任何虚假的领域，其他领域有虚假，至多是产品的质量出问题，而战争则不然。如果在战争中玩假的，带来的只能是死亡！巴顿是一个要求部下极为严格的军人，他经常和部下谈的是他在西点军校上学时听到的一个故事。

1897年，潘兴将军视察一个炮兵营。炮兵营要给潘兴表演实弹射击。这个营的营长非常精于射击速率，他为了避免因为打不准而影响自己的晋升，竟想出了一个办法，即在目标区预埋了炸药。就是说，当这边炮阵地开始炮击后，他按照射击速率，在炮弹预计落的目标上把炸药点着，这样就可以使潘兴留下这炮兵营打得真准的印象。

潘兴当时是坐在主席台上，当然不知道这里面的把戏，所以非常高兴地表扬了这个营长。然而，后来一个人因为和营长有矛

盾，把这事给捅了出来。潘兴听后，勃然大怒，立即把这个营长撤职，并说："他最好的角色是到百老汇当一名演员，因为那里是演戏，而战争不是演戏，战争来不得半点虚假！"

后来，这名军官在第二年爆发的美西战争中阵亡了。

这个故事对巴顿触动极大。他在给潘兴当副官时，还证实了这个事情的真假。潘兴肯定了这件事，对他说："如果你是一个职业军人，就应该记住这个事情，永远让你的士兵多流汗，否则就会像那个百老汇的编外演员一样送命！"

此后，巴顿在他担任的各级职务中，都以这个故事作为教材，严格训练部队。

在一些西方人写的关于巴顿的传记里，有的把他歪曲成一个为了自己的荣誉，可以毫不顾及士兵的身体甚至牺牲士兵生命的人。其实，这是极不公正的。因为从军事角度讲，军人只有严格训练，才能有战斗力，而拥有战斗力的军队，才能减少牺牲。

巴顿曾经对他的部属说："战争就是杀人，你们必须杀死敌人，否则他们就会杀死你们！如果你们在平时多流出一品脱(0.473升)汗水，那么战时你们就会少流一加仑(3.758升)鲜血。"就是说，平时训练多流汗，才能在战时少流血。当然，他为士兵安排的繁重训练并不是没有人发牢骚的。许多士兵也暗地里抱怨他，但是当他们看到巴顿也和他们一起钻进坦克里，在闷热的天气里训练，牢骚慢慢地变成了无言的服从。美国心理学家把这种服从称作是**"具有合作意愿的觉悟的服从"**。

巴顿带兵有自己的理念。

他要求他的部属必须树立进攻意识。他常说："在进攻中，不论是在兵力、坦克还是弹药方面，你投入的力量越大，你的进攻越猛烈；你进攻越猛烈，你自己的损失就越小。""绝不要放弃阵地，因

在战争中没有任何事情比坚持一项单一的战略计划更为困难了。——艾森豪威尔

为夺回阵地要比守住阵地付出的代价大得多。”一次，在演习中他看到部属的火力用得不够，他在总结会上说：“记住，要用火力牵着敌人的鼻子走，要在运动中把敌人打得屁滚尿流。”这句话是巴顿一辈子坚持的基本作战理念。在整个第二次世界大战期间，他都是按照这个理念作战的。

他要求部属打仗不仅要靠勇气，还要靠智慧。他对“赤胆铁心”这个外号并不以为然。1942年，巴顿才知道他有这么一个外号。当时他在弗吉尼亚州诺福克海军仓库临时召开会议，对他的部属说：“我今天就谈一点。战争需要的不仅是勇气，而且还要有机智。我看了报纸上管我叫‘赤胆铁心’老头，这没关系，报纸这样做有它的目的，因为这是一个很吸引人的提法。而我们是军人，我们是要打仗的。打仗靠的不单是勇气，而且还需要机智。没有一名军事指挥员或一支部队能够单靠勇气或单凭机智打胜仗的，两者对于打仗都至关重要，不能单凭其中一点，你们要两者都要兼备。我希望你们在任何时候都要竭力发挥这两点。再次提醒你们记住：打仗要靠勇气和机智。诸位先生，我的话完了。”

1943年4月6日，巴顿在北非战场作战。他接到命令：不惜一切代价攻占396高地。巴顿正要向第47步兵团下达命令，参谋人员提醒他说，这个团已经在前面11天的战斗里伤亡了23%的士兵和26%的军官。巴顿立即停止执行这个命令。他复电他的上级说：“不分青红皂白地流血并不能获得战斗的胜利。”于是，他让参谋人员迅速寻找另一个方案攻占了396高地。事后，他得意地说：“脑袋有

时要比勇气重要。”

他要求部队必须有铁一般的纪律。巴顿认为，遵守军纪，是一个军人的基本素质！没有军纪，一支好的部队也会涣散，而有了军纪，一支涣散的部队，也会恢复战斗力。他不允许任何违反军纪的现象出现。

1942年3月6日，他被调任第2军任军长。第2军刚组建不久，大多数是新兵，在美军中是出了名的缺乏训练、军纪不严、军容不整的部队。为了使这支部队拥有战斗力，巴顿上任后就从军纪抓起。针对官兵训练迟到的现象，他规定，早饭必须在7时30分完毕，过时没有饭供应。接着，他又规定每个官兵必须戴钢盔，打绑腿，系领带。包括护士在内，均不例外。

开始，官兵们还怀疑巴顿并不会那么认真，还在迟迟不动。然而，巴顿雷厉风行，除了督促参谋人员把一些悬而未决的作战计划落实下来外，每天都到所属的四个师的每一个营寻找那些没戴钢盔、没扎绑腿和没系领带的官兵。他的检查非常彻底，连厕所都不放过，他要求官兵即使在厕所里也必须戴钢盔。他把抓到的没戴钢盔的人集中起来，排好队，满口脏话地训示：“我对任何一个不立刻执行我命令的兔崽子都不会容忍的。我给你们最后一次机会，要么罚款25美元，要么送军事法庭。我在这里郑重告诉你们，送军事法庭是要记入档案的。”这些人乖乖地交上罚款，把钢盔戴上了。

巴顿的副手，美军名将奥马尔·布莱德雷说：“每当第2军的官兵戴上沉重的钢盔，扎上绑腿时，他们就不得不想起现在指挥他们这个军的是巴顿！”尽管，有人对巴顿这种鸡毛蒜皮的做法有非议，但是，经过7天，仅仅一周的时间，第2军官兵的精神状态就焕然一新。3月15日，当艾森豪威尔来这个军视察时，简直认不出这个军来了。他对巴顿说：“我接到有人告你的状，但我不信他们，只

军事比其他大多数职业更需要依靠前人明智的解释作为制定未来方案的参考。——麦克阿瑟

相信你!”

他要求部属一定要有时间观念。他说,时间对于军人来说,最为重要。没有时间观念的军队,打不赢战争。有一个例子。巴顿是信上帝的,而且非常虔诚,每天晚上他都坚持祷告。然而,他却坚决要求牧师的布道不许超过10分钟。

当时,美军牧师每天布道的时间一般都要30分钟。巴顿认为,这不行,太浪费时间。他找来军队中的牧师说:“对上帝的崇敬,我不亚于任何人,可是,你们这些该死的布道既枯燥无味,又浪费时间。我相信官兵们到教堂来,并不希望你们向他们讲基督的神威和祷告的效能,他们更不愿意听半个小时的布道。我告诉你们,以后谁布道超过10分钟,我就解除谁的职务。我相信你们会在10分钟内把要说的事情说得清清楚楚。”

第二个星期天,巴顿昂首来到教堂,皮靴上的马刺卡卡做响,屁股后面一边一把左轮手枪。他坐在第一排面对着牧师。布道一开始,巴顿就看表,当牧师布道到8分钟时,他朝牧师看了一眼。两分钟后,牧师准时结束了布道。在从此,在巴顿的部队,牧师布道一直是10分钟。当时,一些教会的人对巴顿这个做法非常反对。但是,巴顿仍然坚持自己的规定。后来,还是神学院妥协了。神学院告诉学生,“布道超过20分钟,就不再有灵魂解救了”。

巴顿就是这样把他的部队锻造成最有战斗力的军队。

名将并不是天生的。他来自战争平台,而名将的平台往往是

名将的领导者搭建的。于是，领导者能力面临的最大挑战是：既有对要完成的任务的极大关心，也有对执行任务的人的极度关注。巴顿就遇上了这样一位领导者。

◆3◆ 遇上了一个伯乐，成就了一代名将

第二次世界大战爆发时，巴顿在美军还真的没有什么太大的名气，至少那时的名气远远不如后来的巴顿。有千里马，还需要有伯乐识货。否则，尽管是千里马也只能仰天长鸣，发出怀才不遇的悲叹。那么，巴顿的伯乐是谁呢？巴顿的伯乐名叫乔治·马歇尔。

马歇尔是美国著名的军事家和政治家，曾担任过美国的国务卿、国防部长，是北约组织的发起人之一，最高军衔是五星上将。马歇尔和巴顿相识还要追溯到第一次世界大战时期。1917年，马歇尔正在美军第1集团军担任作战处处长。巴顿担任他的装甲旅旅长。那时，两个人并没有什么深交，只是在一个部队任职，见面点点头而已。在圣米耶尔战役中，巴顿的一次鲁莽行为受到上司罗肯巴克将军的申斥，这件事情自然让在集团军机关工作的马歇尔知道了。马歇尔却非常欣赏巴顿的行为。马歇尔为什么欣赏巴顿？是他们的性格投缘？不是！绝对不是！两人性情差异极大，没有一点儿相似之处。

马歇尔文静、安详而含蓄，始终如一，是一个坚守原则的人；而巴顿则是急躁而喧嚣，行动敏捷，是一个见机行事的人。然而，他们在思想上却有共鸣。这种共鸣远远超过了他们不同性格之间的鸿沟：他们都不愿意接受军事教条，不相信那些现成的条条框框和条例，他们都怀有追求完整、准确知识的渴望，他们都热爱军事事业，他们都对虚浮不实的解决问题的方法抱有怀疑态度。因

用火力牵住敌人的鼻子，并且在运动中把敌人打得屁滚尿流。——巴顿

此，马歇尔很快透过巴顿那种古怪的性格和极强的表现欲外表，发现他这些外表背后的东西，认为巴顿是一个学识渊博的军事天才。他对巴顿在圣米耶尔战役中的表现无可厚非，他对潘兴说："如果我是巴顿，也会这样做！"

从此，两个人建立起了深厚的友谊。1939年9月，美国总统任命马歇尔担任陆军参谋长，并晋升为四星上将。当时，第二次世界大战已经爆发，马歇尔敏锐地感觉到美国将受到战争的威胁，必须加快军备。他向罗斯福总统力谏自己的军事发展计划，并很快获得国会的批准。在这项计划中，就有组建装甲部队的内容。那么，由谁来担任新组建的装甲部队军官呢？马歇尔想到了巴顿。当时，由于性格使然，巴顿与同事和上司的关系处理得非常不好，他早已被排挤出装甲部队，到第5骑兵团任上校团长。有人听说马歇尔要重新起用巴顿，曾提醒道："巴顿是一匹没有缰绳的马，小心让他把你踢了。"

然而，马歇尔不为所动，仍然在给总统的报告中写道："巴顿是陆军第一个真正的坦克手，他一直以旺盛不衰的精力与技术训练他的士兵，他是美国理想的军官，一个优秀的军队组织者、训练者和指挥官。在美军，乃至世界各国任何军队中，像巴顿这样的军官是不可多得的。"

罗斯福批准了马歇尔的报告。于是，年已55岁的巴顿，在1940年7月被任命为装甲旅旅长。

巴顿上任了。然而，当他来到本宁堡装甲旅驻地时，看到的

是：坦克几乎全部是开不动的旧坦克，士兵是一群刚刚走进军营的新兵，有的士兵衣服上还沾有女人的泪痕。

巴顿开始了他新的创业！

当时，美军坦克的大部分零件是从一家叫西尔斯和罗巴克的公司订购的，然而，由于陆军部的文牍主义和缺少经费两个原因，无法通过正当途径订到坦克零件。巴顿竟从自己的腰包里掏出一大笔资金，去西尔斯和罗巴克公司订货，将全旅325辆坦克全部修缮一新。巴顿到底自己掏了多少腰包，他至死也没有告诉任何人。

对于士兵，他召开全旅大会训话。他说："打仗靠的是勇敢，而不是女人的眼泪。你要想让关心自己的女人少流眼泪，你就应该勇敢地战胜敌人。否则，你的女人眼泪就是流成河，也救不了你的命。你们不要怕，打仗也没有什么。以后，看我这个老头儿怎么干，你们就怎么干！"从此，他的士兵们都亲切地称他为"我们的老头儿"！

就这样，一支最有战斗力的装甲部队在巴顿的手里被锻造出来了。他率领这支装甲部队开始向他一生中军事生涯的巅峰冲锋！他从北非打到西西里岛，从法国打到了德国和奥地利，使得几乎所有的美军军官，包括对巴顿抱有成见的人都承认巴顿是位真正的骁将。巴顿传记作者法拉戈曾说："巴顿辉煌的战功使其他所有美国将军的将星都黯然失色！"

有德的领导者，创造有德的组织；而有德的组织取得胜利的概率要大得多。因为，要想让下属本能地听从命令、认同群体并养成跟随意识，有赖于领导者的德。

一个地空协作单位的作战效果是两个单独军种的作战效果的几倍。——艾森豪威尔

◆4◆ 一位传记作家的话，道出了巴顿指挥艺术的奥秘

巴顿是位杰出的将才，是马歇尔发现的美军历史上最善战的装甲部队指挥官。那么，巴顿为什么如此能打仗呢？巴顿的指挥艺术究竟来自哪里呢？战后，许多人都在研究巴顿，研究巴顿的指挥艺术，试图要从巴顿身上解答上述问题。

一位名叫小埃德加·普里尔的巴顿传记作家道出了其中的奥秘。普里尔说：**“巴顿作为统帅人物，其最大的特点是以他本人的尚武精神去激励部下。他用自己的个性成功地影响了整个部队。尽管部属们有时恨他，但仍然能够仿效他的言行，像他那样思索和战斗。巴顿的才智就在于他能够率领全体官兵去完成难以完成的任务。”**

这就是巴顿！这就是巴顿指挥艺术的奥秘。用巴顿自己的话说：“没有对军事领域的追求，就不会产生作战的动力。军官最重要的是用自己的行为，影响你手下的士兵，让他们和你一样，对战争充满了热爱！”

我们举一些例子，来看看巴顿的指挥艺术。

身先士卒

巴顿指挥艺术一个非常重要的特点，就是充分估计到战争中人的精神因素作用。他说：“我的理论是，集团军司令为完成任务

不惜采用任何手段，而他的任务中几乎百分之八十就是鼓舞士气。”巴顿有一句名言:“战争中,不应让恐惧左右自己。”而要让士兵做到这一点,军官必须身先士卒。他向他的下级军官发布的最重要的指令是:“每个人在自己适当的职权范围内都要身先士卒。”在他看来,“从舒适的掩蔽部里靠电话指挥部队的时代已经结束。从今以后,我们要从坦克上、从摩托车或吉普车里指挥部队,与士兵在一起。永远记住:决不要让士兵们干军官自己不亲自干的事情”。为了使军官们充分理解自己身先士卒的思想,他还形象地用面条作为直观道具阐释这一概念。他在桌子上放了一段湿面条,用手指从面条中间向前推。他一边演示一边讲解说:“这就是指挥艺术！你从后面是无法将面条推向前的,因为面条会从中间变弯。前线士兵也是一样。只能站在他们前面率领他们向前才行。”

巴顿是这样要求自己部下的军官的,自己也是这样做的。他经常坐着他那缀着三颗将星的吉普车出现在阵地前沿,视察他的部队作战情况。据第76装甲师师长施密特回忆:有一次,他们师正在抗击德军的反扑,战斗非常激烈。突然,巴顿的吉普车出现在阵地上,士兵们立即激动地欢呼起来,甚至停止了射击,高喊道:“巴顿,巴顿,我们的老头儿来了……”施密特提醒巴顿这里太危险,试图阻止巴顿在阵地上停留。而巴顿却说:“我的命和士兵的命不是一样的吗？他们不怕,我也不怕！”

不过,巴顿身先士卒下部队视察也有一个特点,这就是他视察前线的范围很广,却从不在一个战役进程中,在一个部队露面两次。他认为,“人生来具有疲劳的本能。如果在一个部队露面过多,士兵们就会产生心理疲劳,对你的视察熟视无睹了。这样,不仅不会激励他们去作战,反而会降低他们的战斗精神”。

有人认为巴顿身先士卒调动士兵们的参战热情，是鲁莽的，

无论是在肉搏中还是在战斗中，总是进攻者取胜。招架是不能打胜仗的。——巴顿

是对士兵生命的漠视。其实，这是不公正的。事实恰恰相反，在每一次作战中，巴顿都想方设法地尽量减少伤亡。在美军中，巴顿的部队是伤亡率最小的。即使是在最为残酷的阿登战役中，他的部队伤亡也是最小的。史学家认为，伤亡人数最小，这是巴顿一生中无限的安慰。

军事民主

巴顿给人的印象是极为粗鲁，脏话连篇，动不动就训斥他人。其实不然，巴顿具有非常好的军事民主精神。

一是他相信部属的创造力。巴顿身先士卒到前线视察，除了鼓励士兵外，从不参与下级部队的事务。也就是说，他到前线后，从不发表什么指示。他说："不用告诉他们怎样干，只需告诉他们干什么就行了，而这一点在下达任务时就明确了。要相信他们有惊人的独创力。"他在担任第3集团军司令后的第一次见面会上说："我以前打过胜仗，今后还要打胜仗。我打胜仗的原因很多。但最主要的是因为我有优秀的指挥官和参谋。"

二是他只下达任务，而无须告诉部下完成任务的具体方法。无论是在和平时期的训练，还是战争时期的作战，巴顿只是下达任务，从不告诉部下如何完成任务。比如，有一次，他给一个名叫梅肯的装甲师师长下达了任务，接着说："你所要的中型坦克我没有，但是，你必须完成你的任务，要把轻型坦克当作中型坦克用……"说到这里，他感到不妥，这不是在向梅肯介绍作战方法

吗？于是，他马上停住话头道：“噢，见鬼！该怎么办，你比我更清楚，我提拔你当了将军，你就应该做个样子证明我没有提拔错！”说完，他就走了。在巴顿看来，如果插手部下的工作，或者过多告诉部下完成任务的方法，就会养成部下的依赖心理，使他们的创造力被泯灭。

三是用智者，而不用蠢才，强调司令部的团结。巴顿相信部下的创造力，一个突出的表现是他把一批智者团结在他的周围。换句话说，他对部下的信任，来自他相信自己的部下都是素质高的智者。巴顿手下的军官都知道，巴顿下达任务后，就看任务的结果了。如果你完成任务，他就会通情达理。如果你完不成任务，那只好求上帝保佑了。巴顿常对部下说：“我打仗不是图好玩，你们也不能当儿戏。军官们必须有智慧，而不能是蠢才。蠢才是他妈的要倒霉的，因为蠢才打起仗来，就要变成死人。”巴顿不允许在他的周围有蠢才转来转去。同时，他极为强调团结。他认为，军队是一架机器，任何个人的作用都来自整体功能。如果脱离军队的整体而追求个人的个性，那么只有失败。比如，他的司令部有一个独特的原则：凡属性格孤僻、我行我素的参谋，不论职务高低，能力大小，一律撤换。因为，司令部必须是个团结的大家庭，才能正常地工作。

巴顿的军事民主作风，为他的部下发挥自己的创造力拓展了无限空间。他们能够在作战中把自己的主观能动性淋漓尽致地发挥出来，以争取作战的胜利。

牢固树立消灭对方、快速制胜的理念

作为一名职业军人，巴顿关注的不是为什么要打仗，而是关注战争的直接目的。他曾对士兵直言不讳地说：“什么是战争？战争就是杀人！你们不杀死敌人，敌人就会杀死你们，戳穿你们的肚

在实力面前，逻辑和感情是无足轻重的。——戴高乐

皮，或者击中你们的内脏！”他还曾风趣地说：“赢得战争胜利可能有许多方法，正如剥猫皮有许多方法一样；但人们往往忘记，剥猫皮的方法再多，也是去掉它的皮，赢得战争的方法就是打败敌人！”

在这个理念的指导下，巴顿在作战中强调的是快速制胜。“抓紧时间狠狠地打……”“用手中的一切手段，在最短的时间内给敌人造成最大的伤亡和破坏……”“迅速、无情、勇猛、无休止地进攻，是制胜的秘诀……”这些话经常出现在巴顿的嘴边。

一次，巴顿视察途中，正遇上道路极为不畅，一长串运送作战物资的车队停在路上。巴顿从吉普车上下来，马上向前走，想看个究竟，到底是什么原因。到了拥堵点，他发现是一头拉车的骡子死活不肯走，赶车的士兵急得满头大汗。巴顿气得大骂道：“蠢货，你连最简单的办法都想不出来，你还能干什么？”说着，他从腰间拔出手枪，开枪打死了那头骡子，并亲自动手帮忙把那辆大车和死骡子推到了路边。巴顿看着逐渐畅通起来的道路，对闻讯赶来的师长施密特说：“如果因此而影响我的推进速度，我第一个命令就是把你撤职。”

1944年秋，巴顿的第3集团军离开解放了的巴黎，向莱茵河快速推进。然而，油料供应越来越少，他的部队推进速度越来越慢。巴顿急了，向艾森豪威尔拍电报，要求立即补给足够的油料。可是，即使是艾森豪威尔将油料批转下来，巴顿也认为时间太长。于是，他竟想出来一个怪招儿，下达了一个战争史上极为罕见的命

令:任何士兵如果能够偷到油料,不管是美军其他部队的油料,还是德军的油料,都放假三天。一时间,巴顿的友邻第1集团军、第9集团军的油料经常莫名其妙地被盗。后来,第9集团军司令霍奇斯终于发现油料被盗的秘密,向艾森豪威尔报告了此事。巴顿对过问此事的艾森豪威尔说:“我不知道别的,我只知道我的坦克只有开动起来,我的大炮打得响才是先进的武器,否则它们只能是一堆废铁!”最后,这件事也就不了了之了。

巴顿的消灭对手、快速制胜的作战理念,使他的部队始终像一个上紧发条的机器,不停顿地进攻,进攻,再进攻!德国人对巴顿的进攻速度简直是怕得要命。德国陆军元帅、西线德军总司令龙得斯泰德说:“盯住巴顿,他在哪里,我们的防御就要在哪里加强。”

士兵永远是军队的躯干,没有躯干,也就失去了生命。真正的军官爱兵会爱到极致,而对这种爱的回报,是士兵奋不顾身地作战。

◆5◆ 两次对伤病员的探望,突显出巴顿对士兵的爱与严

巴顿非常爱兵,特别是对那些在战场上负伤的士兵,从来非常敬重,并视为恢复作战力的源泉。他有一个习惯,每逢感到有必要振作自己的精神时,总是要到附近的医院看看。他说,一看到伤员就可以获得安慰和鼓舞,因为他们身上的战伤就是英勇奋战的标志。同时,他认为,伤员也需要高级军官对他们的探视,伤员可以通过军官探视减轻伤痛。

1943年8月2日,巴顿第7集团军在西西里岛占领了巴勒莫,准

不让敌人进攻你的方法就是你去进攻他，不停地向他进攻。——巴顿

备向墨西拿推进。希特勒为了阻止美军的进攻，命令第15装甲师在特洛伊拼死抵抗。美军伤亡很大，有的部队军士充当了排长。巴顿感觉到了必须振作精神的时刻了。于是，他来到集团军战地医院看望伤员。他让军医丹尼尔·富兰克林上校带着40枚紫心勋章陪同他视察。

巴顿看到一位胸部受伤的士兵。他问："你什么地方受了伤？"

"在胸部。"士兵回答。

"好极了！"巴顿提高嗓门，让全室的人都听见，"如果你听到这个消息你会感到你受的伤是多么的值得。"接着，他告诉大家："我最后见到一个德国兵是既没有胸膛也没有脑袋。到目前为止，你们已经俘虏和打死了8万德国狗崽子。这是官方的数字。但是，我到各地视察了一下，依我看，实际要比这个数字大得多。在这次作战结束前，这个数字将会提高到两倍。快养好伤吧，小伙子，你还要参加那最后一仗呢。"

这位士兵听后，抖动着嘴唇，艰难地举起手，向将军致以一个标准的军礼。

巴顿又来到另外一个病房。一名士兵头戴氧气面罩，呼吸十分困难。富兰克林提醒巴顿，这个士兵已失去了知觉，处于昏迷中。巴顿听后，做出了一个令在场的所有人都意料不到的动作。只见他摘下钢盔，扑通一声跪在了那个士兵的床前，把一枚紫心勋章别在士兵的枕头上，又在那个奄奄一息的士兵耳边轻声说了几句，然后站起来立正，庄重地向他敬了军礼。没人知道巴顿对那个

士兵说了什么。但是，在场的所有伤员和医护人员都感动得热泪盈眶。巴顿告诉富兰克林："记住，凡是受伤3次的士兵，就立即把他们送回国内。因为他已经为国家尽力了。"

这就是巴顿——一位名将的"仁"。

但是，巴顿爱兵，并不等于说巴顿不严。8月3日，巴顿前往前线视察途中，正路过第15后送医院。他让司机米姆士中士把车开进医院。院长富兰克·利弗中校见巴顿来了，马上出来陪同他视察。

这是一家典型的设在帐篷里的医院。巴顿走进帐篷问候伤病员。大家高兴地欢呼，迎接巴顿。巴顿问一名士兵："你是哪个团的？"那名士兵回答："第39步兵团上士。"巴顿看看这个脑袋上缠着绷带的士兵，高兴地拍拍他的肩膀，称赞道："你们团长哈里·弗林特上校是我最要好的朋友。他是真正的军官，你在这样一个英勇的军官手下作战，是非常自豪的事情。"聊了一会儿，巴顿还要赶路，于是准备上路。当他刚要走出帐篷，突然把目光盯在了来自印第安纳州的下士查尔斯·库尔身上。

这是一个24岁的上等兵，长相漂亮，库尔参军前是个铺地毯的工人，仅有8个月的军龄，正在第1师第26步兵团第12连服役。他是8月2日下午2时10分被送到第15医院的。当时，他并没有负伤，只是对主治医生拉尔夫·内德尔中尉说，他感到不舒服。内德尔医生检查后，在他的病历上写道："忧郁型精神病，中等程度。"

巴顿看到库尔身上没有扎绷带，凭直觉认为他没有受伤。于是，他回身对利弗中校说："把这个人的病历拿来，我看一看。"巴顿打开病历，看到了内德尔医生写的那一行字，"忧郁型精神病，中等程度"，不禁愤怒起来。他摘下手套，抓住库尔的衣襟，用手套抽打库尔的脸，骂道："胆小鬼，我这里都是伤痕累累的士兵，没有你这样的蠢货！"说着，他一脚把库尔踢出了帐篷。

独裁不产生于坚强有效的政府，而产生于软弱无效的政府。——罗斯福

巴顿对利弗中校吼道："不要收这个狗东西。我不允许像他这样的狗杂种藏在这里鬼混，败坏这里的名声。中校，你立即审查这个人，我不管他受得了受不了，立即把他送到前线。"说着，巴顿走出帐篷，又对库尔骂道："你这个没有出息的孬种，现在，最适合你的岗位是前线，而不是这里。你要立即回到前线去，而不是留在这里。"

众人都惊呆了。在美军中打士兵，这是不可思议的事情。然而，如果不是在场的记者把这件事情捅出去，没有人认为巴顿做错了什么。即使是库尔自己也心甘情愿地接受了巴顿的耳光。库尔在写给妻子和父母的家信中说："不要追究这件事了。将军为了一个婴儿的成长，有时不得不打他一个耳光！"库尔后来成为一名勇敢的战士，当他想把自己在对德军最后一战获得了紫心勋章的消息告诉给巴顿时，巴顿已永远听不到他的诉说了。巴顿在一场车祸中不治去世。

这就是巴顿的严！

巴顿的"血"，巴顿的"胆"，使得巴顿成为世界战争史上最杰出的名将。作为家有万贯资产的巴顿，偏偏选择了战争作为其终生的职业。巴顿的岳父艾尔对女儿说："他是为战争而生的人，没有战争，也就没有巴顿！"或许正应验了艾尔的话，当第二次世界大战结束后不久，巴顿竟真的死了。

1945年12月9日中午，巴顿和他的参谋长霍巴特·盖伊少将一

行，乘坐一辆小轿车到驻地附近打猎。当巴顿的汽车驶入从法兰克福到曼海姆的第38号公路时，一辆大卡车和巴顿的汽车撞在了一起。巴顿被撞成重伤。22日5时50分，因伤势严重而去世。

次日，世界各大报纸都发表评论，向巴顿致哀。其中，《纽约时报》的社论最为感人。社论说："历史已经伸出双手拥抱了巴顿将军。他的地位是牢固的。他在美国伟大的军事将领中将名列前茅……"

几天后，在一个冬雨蒙蒙、浓雾弥漫的清晨，巴顿被安葬在美军第3集团军在卢森堡哈姆的大型公墓里，他和他的6000名部下葬在了一起。在葬礼的最后一刻，为巴顿忠实服务多年的勤务兵、来自堪萨斯州的黑人军士长威廉·米克斯把覆盖过灵柩的美国国旗交给巴顿夫人，然后，庄重地向将军夫人致以军礼。这时，一支由12人组成的枪队举起步枪，齐射三响。全体出席葬礼的人们把目光投向巴顿坟墓那朴素的十字架，上面镌刻着最简单的墓志铭：

乔治·S·巴顿　第3集团军上将　军号02605

在世人看来，"血胆英雄"巴顿能打仗，巴顿是名将，但是巴顿不是"超人"。战场上，他打过败仗；日常生活里，他经常招来非议。巴顿言行也"狂"，或许正应了"人狂没好事，狗狂拉稀屎"这句话，巴顿一"狂"，往往会吃或大或小的苦头。

不过，巴顿的"狂"有边。他知道自己也有能力达不到的地方，并不是刀枪不入，常战常胜。他曾对部下说："一个人每天至少会有5分钟是一个非常愚蠢的大笨蛋！"然而，巴顿有善于解决"5分钟大笨蛋"的办法：他军事民主，善于利用集体智慧与群体力量打仗；他永不去做"拿鸡蛋碰石头"的事情，即便再"狂"时，头脑

我以前打过胜仗，今后还要打胜仗。我打胜仗的原因很多。但最主要的是因为我有优秀的指挥官和参谋。——巴顿

也不发热，而是要求部下打仗不要光靠勇气，还要靠智慧；他恪守职业道德，对虚假深恶痛绝，他严格训练自己的军队，讲求效率与时间……

“狂”而不自视为“超人”，永远通过自身努力搭建通往胜利的道路——这就是巴顿留给我们的遗产。

第二章

蒙哥马利是一个伟大的将军。他作为指挥官的魅力在于:尽管他具有巨大的兵力优势,却还是一个非常谨慎小心的人。他从不轻易冒险,作战中总是先计算,然后再迈出最后一步,他精于老毛奇将军"先计算,后冒险"之道。而他的谨慎与小心,并不是没有自信的反映,恰恰他还具有很强的意志力与自信心。他敢于打硬仗,却不是一个鲁莽的军人,他作战攻于心计,却不是一个阴损的军人。作为对手,我渴望能有机会打赢他;作为军人,我钦佩他,他是一个几乎战无不胜的统帅。

——[德]埃尔温·隆美尔

他曾是一个最不让人看好的孩子；他是一个最顽劣的学生。然而，他成功了。他成功地登上了军事生涯的巅峰，成为战争史上最伟大的统帅之一。这其中的奥秘在哪里？每一个想事业成功的人，可以从这个人身上，得出点滴启示。

坚信意志力是人肉体君主的英国元帅 伯纳德·蒙哥马利

伯纳德·蒙哥马利是第二次世界大战时的卓越将领，他是由于同德国名将隆美尔作战，并且打败了这只“沙漠之狐”而成名的。蒙哥马利在英国乃至世界都是最受推崇的将军之一。即使是在遥远的东方，蒙哥马利的名字也为人们所熟悉。他是惟一访问过中国、并且和毛泽东主席会谈过两次的第二次世界大战的名将。

然而，蒙哥马利的人生轨迹却充满了不幸与曲折。纵观第二次世界大战名将，他的经历要比其他人更加具有“悲情”色彩。

对于一个人来说，意志力是一种为人处事的方式，它是一种“自我指引的精神本身”。一个具有意志力的人，在其行动之前，通常要在脑海里清晰地勾画出将要做的事情，形成充分的理由，并依据充分的理由来下定决心，履行意志。蒙哥马利的意志力如同他后来的统帅身份一样，简直在行动的战场上无处不在。而他意志力的发源，却出自缺少母爱的童年和儿时的兴趣。

◆1◆ 缺乏母爱的童年和儿时的兴趣

蒙哥马利晚年曾出版了一本书，叫《通向领导的道路》，在书中他说："大多数军事问题都只有两个答案：一个是正确的，一个是错误的。作为军人，必须具有坚强的性格，才能在复杂的战争中，判断出正确与错误。"为将者，必勇也。哈佛大学医学院精神病学教授约翰·麦克说："人的性格有时来自恢复失落的自尊心的企图，在心理学上称之为'移位'，这是对一些童年时代遭受羞辱的人的一种补偿。"

麦克是在分析英国另一个将军个人性格形成时说的这段话，却真实地道出了蒙哥马利性格形成的原因。

1887年11月17日，蒙哥马利出生于伦敦郊区一个牧师家庭。他的父亲叫亨利·蒙哥马利，母亲叫莫德。1881年，年已34岁的老蒙哥马利与年仅16岁的莫德结婚，二人相差17岁，是一对典型的老夫少妻。或许英国这种"老牛吃嫩草"的家庭也有东方同类家庭的特点，大龄的丈夫总是让着年轻的妻子。这样，就养成了莫德比较任性的脾气。莫德脾气不好，但承担起全部的家务。她有一个特点，就是爱整洁。可是，蒙哥马利却在这方面最让她头疼。

蒙哥马利是父母的第四个孩子。小时候的蒙哥马利非常淘气好动，也不喜欢学习，他经常把母亲刚刚收拾好的家搞得乱七八糟，惹得年轻的妈妈大声指责他。时间长了，莫德越来越不喜欢这个儿子，总是让蒙哥马利的哥哥监视管教这个让她头疼的孩子。她经常说的一句话是："去看看伯纳德在干什么，叫他停下来坐在那里静一静。"一次，在蒙哥马利把妈妈一个心爱的鱼缸打破后，莫德尖声骂道："你将一事无成，除了当炮灰，你什么都不是！"

这句话常常刺伤蒙哥马利。他一直也没有忘掉这句话，直到

指挥官制订战术计划必须十分仔细彻底。一经制定，就得毅然付诸实施，以取得成功。——蒙哥马利

他去世前还向他人说起过这句话。他在自己的《回忆录》中写道："可以说，我的童年是不幸的，这种不幸完全来自我的母亲。在她的眼里，我不过是个炮灰。母亲的话说对了一半。我的确开了炮，而且不只一门，却没有成灰，而且还把敌人变成了炮灰。我童年吝啬的母爱所带来的世人对我的嘲笑、蔑视的刺激，形成了我坚忍不拔的意志和天赋的智慧，没有这些品质，我不会成为后来的蒙哥马利！"

蒙哥马利自己总结说，妈妈吝啬的母爱，使他养成了非常强的意志力、观察力和自信力。他每天都要从母亲的眼神中观察今天她的脾气是阴天还是晴天，他会从母亲哪怕一个不经意的动作感觉到她的情绪，然后再针对她的情绪做他要做的事情(这是观察力)；每天受到母亲的责骂，对于困难和逆境已是习以为常了，他已习惯在他人的非议中做自己要做的事情了(这是意志力)；母亲的责骂把一切搞得似乎很复杂，其实她一连串的抱怨不过就是简单的几个字：这是一个坏孩子！而他面对这些，在心里回答也很简单："我不是坏孩子，你只是不了解我(这是自信力)！"

莫德对这个令她头疼的孩子除了责骂外，简直一点儿办法都没有。个中原因大概是这位母亲不善于，或者根本不懂得如何培养孩子的意志力。蒙哥马利具有强烈的好奇心，也渴望被发现；他具有很强的模仿欲，渴望注意他人的思想；他希望理解和拥有严肃的知识，渴望在实践中锻炼自己的能力；他希望获得利益，渴望发现和运用合适的方法；他希望取悦他人，渴望自己的行为举止

合乎道德规范；他希望能够争取独立，渴望着公正的判断与自由……

然而，他的一切希望与渴望，都被他的母亲漠视了，在他后来求学期间，他的老师与同学也都忽视了这一点。

1902年，蒙哥马利进入圣保罗学校读书。他仍然淘气。身材不高却偏瘦的蒙哥马利到处惹是生非，上树、摸鱼、打架……同学们把他叫做“猴子”。他的老师和同学对他的恶作剧头疼死了，又拿他没有办法。圣保罗学校有一份校报，有一次，校报上有一篇文章竟写道：“不要再招惹这个猴子，因为要猎取这头动物很危险，它会疯狂地龇牙裂嘴地向你扑来，并且从不犹豫……”甚至有同学说：“蒙哥马利是一个没有进化好的猴子！”这样一个学生没有人喜欢。所以，他的鉴定总是“劣”。

可是，蒙哥马利有一个理想，就是想进英国著名的桑赫斯特皇家军事学院读书。一次鉴定出来了，上面赫然写着这样一句评语：“劣！该生要上桑赫斯特皇家军事学院，把握不大！”

又是一大盆冷水浇了过来！

但是，蒙哥马利执意要实现自己的理想。很快，他如同变了一个人似的，每天认真听课，潜心学习，进步很大。1907年，他终于如愿以偿，考上了桑赫斯特皇家军事学院。

蒙哥马利就是这样，在逆境中通过自身的力量，慢慢培植起强烈的意志力——“如果我想做，我会做得比别人更好！”

英国哲人培根说过：“人的天赋通常是隐而不露的，有时它会有超常的发挥，而且它很少枯竭。”要能够把意志力作为自己的天赋一样，需要训练。而观察力则是提升意志力最重要的条件。蒙哥马利深深地认识到这个问题。他后来总结道：“我坚强意志的第一堂训练课，来自一次观察骡子拉几次屎。”

战术、后勤和士气这三者，是高级司令和参谋人员时刻注意的问题。——艾森豪威尔

◆2◆ “看的艺术”最终造就了战场上思维缜密的将军

进入军事学院，蒙哥马利故态复萌，学习又不用功了，并且有好几次因为违纪差一点被学校开除。毕业成绩单上，他排名第36位！而全班只有36个学生。这个成绩太低了。严重的是这影响到了蒙哥马利的分配去向。

当时，英国军队的待遇全军不一样。去待遇最好的部队，必须要有一定的财产，就是说，只有富家子弟或贵族子弟才能进入这类部队当军官。蒙哥马利出身平民，自然去不了待遇最好的部队，那就到待遇差一点的部队吧。然而，他成绩不好，也不能到待遇二等的部队服役。最后，他去了皇家沃里克郡团。这个部队是英军待遇最不好的，驻守在印度西北边境的白沙瓦地区。

这一年是1908年。

1908年，蒙哥马利经历了一生中非常重要的一次考试。

可以说，蒙哥马利和绝大多数人一样，从上学起就经历考试无数。尽管考得不好，但他不怕，因为他早已习惯于学习落伍的生活和由此而来的他人的蔑视。当一个人，哪怕是一个孩子，在做一件他非常不感兴趣的事时，这件事情做得好坏，对于他本人并不是很重要了。

然而，蒙哥马利喜欢当兵，他在军队中所做的一切，都非常在意结果。所以，这次在部队里发生的考试，使得他的人生坐标得以

校正。

当时，部队的运输工具都是骡马车。一次，军官进行考核。考官问他："骡子一天拉几次屎？"他脱口而出："6次！"考官大声告诉他："不对，是8次！你的耐心会让你知道，我的结论是正确的。"蒙哥马利观察了半个月，果然发现骡子一天拉8次屎。

对蒙哥马利而言，这次考试对他教育太大了。因为，从这次考试中，他学会了"看的艺术"。后来，他对后人说："这次令我难堪的考试使我知道，'看'是多么高深的一门艺术呀。我真正懂得，我们的视力不能只感到那些直接进入视野里的事物，而且还应该用于观察一切事物——这是最重要的。军人的第一堂课，应该是学会'看的艺术'。只有学会了'看'，才能具有缜密的思维与坚强的意志力。"

从那时开始，蒙哥马用眼睛观察事物，用心去思考问题，把每一个重要的知识都放在自己的视野里。这样，一个不为人看好的劣等生，终于在第一次世界大战时渐渐地崭露头角了。

1915年，他受伤住院。在医院里，他思考了自己以前的生活，深深感到知识的重要意义。从那时开始，他给自己立下一个座右铭："笔比剑更重要。"

从此，步入中年的蒙哥马利像腓特烈大帝一样，坚持不懈地阅读与思考，以求精通他的职业，直到细微末节的各个方面，进而成为英国一位近乎完美的名将。

带兵者的艺术，是要把自己坚强的意志力通达到他所属的部队；带兵者的艺术，是要尽一切可能填平战争目标与战争结果之间因落实不利所产生的那道鸿沟。蒙哥马利善于把自己的决心播撒到他手下的每一名官兵的心里，变成他们的自觉行动。

生活对我来说总是一场非常严肃、非常残酷、非常艰苦的斗争。——麦克阿瑟

◆3◆ 蒙哥马利的为将之道

蒙哥马利的带兵艺术,不是靠狂暴与怒火,他甚至不喜欢大声说话。然而,他带兵靠"落实",强调把自己坚强的意志和信念传递到部属中间,把握住士兵心理的精微之处。归纳一下蒙哥马利的为将之道,可以从以下几个方面反映出来。

一是富有坚定的信念与真知灼见

蒙哥马利认为,能够忍受痛苦,具有应对任何意义上的意外事故的能力,是取得胜利的基本要素。而高级将领要达到这一点,必须要有坚定的信念。有了信念,就可以在作战准备时,考虑周详;在形势有利时,就可以大胆行动,全力出击。他说:"军人要做到能够忍受痛苦,具有审慎准备的能力,并不是意味着一味蛮干。这时,真知灼见就显得十分重要了。"在他看来,军人的真知灼见,就是不要照抄照搬作战规则与作战典范,要从已知的事实中探索未知事物。他曾对他的参谋长德·甘冈说:"如果你模仿昔日英雄的作战方案,把它套用于各种新的情况,你的悲剧就要发生了。"

二是强调高度集中指挥

中国古代兵法里有一句话:"权出于一者强,权出于二者弱。"讲的就是高级将领要有高度集中的指挥意识。只有这样,才能应对复杂的战场变化。蒙哥马利曾经对他人说:"如果拿破仑把每一个作战方案都先交部下讨论,那么其中必定有许多方案被部下认

为是轻敌冒进而拒绝采纳。这样，拿破仑也不是我们所知道的拿破仑了。”他认为，军事领导的惟一方针是行动上的果断和临危时的镇静。而要做到这一点，组建一个明确的、强有力的领导机关是必须的。而这个机关的最高军官，则是它的心脏和灵魂。作为总司令，必须从一开始就把部队牢牢掌握在自己手里。

在北非作战中，蒙哥马利刚到第8集团军担任司令，就按照自己的理念改造这支部队。有人对他的一些举措提出不同意见，而蒙哥马利则回答：“是谁在指挥这个集团军？是我，而不是你！”整个第二次世界大战时，蒙哥马利一直是这样不管他人的非议，按照自己的理念作战。在他看来，只有高度集中的指挥，才能保证部队的均衡与完整，进而最大程度地发挥战斗力。

三是凝聚士兵的心

蒙哥马利十分强调高级将领时刻不要忘记建立部下对自己的信任感，使部下能够并且愿意追随高级将领作战。他认为，战斗力虽然是由物质和精神两个要素组成，但相比之下，精神因素更为重要。他明确指出：“战斗的胜利主要在于士兵们的心！”蒙哥马利一生都在做这样一件事情，这就是：如果让士兵们使出最大的力量，那么必须使他们绝对信任指挥他们投入战斗的人！

为了争取与凝聚士兵的心，他要求军官们体察下情，和士兵一起度过难关。他说，如果士兵知道军官们的生活也和他们差不多，再苦，他们也能够忍受；如果士兵在前线能够经常见到高级军官，并且能够和高级军官在前线交谈，那么他们心里感知的是：我们在关心他们！

同时他要求军官们必须向士兵们讲真话。他说，现在的士兵与19世纪的士兵有很大的不同。他们能够读书、看报、看电影，眼界开阔，思想活跃。他们经常把所见所闻与现实所处的环境做比较，他们渴望把自己的一切托付在他们认为绝对稳妥的人手中。

最容易通向惨败之路的莫过于模仿以往英雄们的计划，把它用于新的情况中。——丘吉尔

军官们不可能欺骗得了这样的士兵。因此，蒙哥马利认为：“领导对士兵必须讲真话，如果军官不讲真话，那么士兵们会发现他们受到军官们的愚弄。于是，对军官的信任感也就没有了。士兵不信任了，他们还会在战场上奋力作战吗？”

蒙哥马利要求每一个军官必须备加关注士兵们的生命，尽一切努力将士兵们的伤亡减少到最低程度。从下面这个例子可以看出蒙哥马利是如何关注士兵们的生命的。

第二次世界大战爆发初期，英军对负伤士兵的抢救工作做得并不是那么好。蒙哥马利发现后，立即在全集团军提出拯救负伤士兵四条规定：第一，必须及时输血，尽一切可能将士兵在战场上流出的鲜血，在战地医院补回来；第二，必须在前线为重伤员做好外科手术，使他们能够得到立即救治，而不必像从前那样把他们送到后方医治，以赢得医治的时间；第三，必须把凡是需要后送的伤员用空运后送，而不必像从前那样用公路或铁路后送，以免他们旅途颠簸；第四，派遣女护士到前线医院，负伤的士兵看到女护士，他们的伤痛和紧张的神经会大大得到缓解，而这一点是男护士做不到的。

蒙哥马利非常懂得士兵心理学。在战场上，士兵们最怕的不是死亡，而是对人生命价值的冷漠。如果军官们认为士兵流血不过是应尽的职责，没有什么了不起的，那么士兵们往往会产生畏战情绪，因为生命对于任何人都只有一次。蒙哥马利对士兵生命的尊重，正是他那支部队极富战斗力的原因之一。有这样一件事

情，当一名年轻的英国士兵重伤不治时，他最渴望的是能够得到女人的吻。他对看护他的护士说："小姐，除了母亲以外，没有任何女人吻过我。你能帮助我实现这个愿望吗？"这名护士满足了他的愿望。就这样，这位年轻的士兵脸上带着护士的唇印，没有任何遗憾地永远离开了世界。在场的人都哭了。他的一位战友说："这里没有死亡，只有爱！"这种极有感染力的事情，就发生在蒙哥马利指挥的第8集团军。

四是要求官兵必须具有强壮的体魄

战争充满了劳累与紧张，蒙哥马利认为，除了精神因素外，体质对于军人具有重要意义。为了有强壮的体魄，蒙哥马利经常在大雨滂沱之下，冰天雪地之中，飞沙走石之时，泥泞不堪之路，带领部队训练。他明确要求各级官兵，凡40岁以下者，必须每周抽出一个下午的时间，进行7英里跑步运动。如果因某种原因不适，不能跑步，也必须走完全程。凡是3次不能坚持这种训练的人，如果没有足以说服人的理由，立即予以淘汰。开始，部队对这位新来的集团军司令的这一规定非常不满，抱怨声不绝于耳，却没人敢于违抗命令。可是，时间久了，大家都能够坚持下来，也就渐渐地习惯了，并且有了乐趣。即使是超过40岁的人，也纷纷自愿参加这项长跑运动。

蒙哥马利曾说："最好的军人是什么？是合金钢！既要有必胜的信念、旺盛的斗志和乐观的态度，也要有健壮的体魄。没有健壮的体魄，就难有饱满的战斗意志。"他在视察部队时有一个习惯，就是经常要把士兵或军官头上戴的钢盔摘下来看看他们的眼睛。有人问他为什么要这样做？蒙哥马利回答："从士兵的眼睛里，我能够看出他的身体是否强壮，他的精神是否饱满。一个目光晦涩的人，很可能有病，而一个病态的人，你会指望他有多大的战斗力吗？"

只有一条战术原则是永恒不变的。这就是：用手中的一切手段在最短时间内给敌人造成最大的伤亡和破坏。——巴顿

军队里有一句俗语："好走的路通常会被布上雷。"希望顺利地取得胜利，是每一个军人的心理。然而，战争充满了风险与迷雾。这种风险与迷雾对于优秀统帅来说，是非常大的一种诱惑力。大凡名将往往都有过临危受命的经历。

◆4◆ 临危受命

1941年2月，希特勒为了援助在北非战场接连败于英军的意大利军队，将他手下的悍将隆美尔派到北非，担任德意联军总指挥。隆美尔到北非后，果然不负使命，通过一系列战役行动，将英军接连击败。1942年5月，隆美尔又发动一次攻势，经过一场血战，击溃了英国第8集团军，乘胜向埃及推进。6月19日，他采用灵活的战术，以劣势兵力向英军在北非的重镇托卜鲁克发起进攻，占领了这个重镇，俘获英军3万余人，英军主力被迫退缩到埃及。隆美尔攻占托卜鲁克后，继续向埃及推进。6月下旬，德意联军进抵距亚历山大港以西100公里的阿拉曼地区。

隆美尔的胜利，使英军第8集团军面临全面崩溃的境地。英伦三岛也极为震惊。许多英国报纸都是这样的通栏大标题："英国一片愤怒！""丘吉尔首相将因此遭到不信任投票！""北非局势将可能导致政府的改组！"英国战时内阁首相丘吉尔也承认："帝国在北非面临着一场真正的危机！"为了挽回在北非战场的颓势，丘吉

尔和英军参谋总长布鲁克元帅飞抵开罗视察。8月5日和6日,丘吉尔接连两天视察前线,听取汇报。8月6日20时,丘吉尔作出了改组北非英军指挥机关的决定。为了加强在北非的作战指挥,他将指挥北非战场的中东司令部划分为两个独立的司令部,即近东司令部和中东司令部。他命令近东司令部设在开罗,专门负责北非战场作战。同时,他解除了北非战场作战不利的第8集团军司令里奇的职务,任命第30军军长戈特担任这个集团军的司令。同时,任命蒙哥马利担任第1集团军司令,准备参加北非卡萨布兰卡登陆作战。

戈特在英军中以善于沙漠作战闻名,号称"沙漠之鼠"。这个人并非具有雄才大略,但是为人正直善良,意志非常坚定,一旦看清要走的路,就会毫不动摇地走下去。丘吉尔任命戈特担任第8集团军司令,用他自己的话说:"就是想发挥戈特临乱不惊、善于挽狂澜于即倒的特点,稳定北非战场的局势。"

可是,命运真的捉弄英国人。8月7日下午,当戈特乘一架运输机飞往开罗任职的途中,遭遇德国战斗机,他的座机被击落了,戈特本人也阵亡了。

当时,丘吉尔正在第51苏格兰师视察,他闻讯后十分震惊,连连说:"我的全部计划被打乱了,这是我最悲痛的时刻。"但是,丘吉尔很快从悲痛中醒过神来,果断任命当时担任英国本土东南军区司令的蒙哥马利接替戈特,担任第8集团军司令。

这份命令下达时,蒙哥马利刚刚准备赴第1集团军任职,突然得到让他改任第8集团军司令的消息,感到非常意外。是的,这个非常意外的情况,把蒙哥马利推向了通往军事生涯辉煌的起点。8月10日,蒙哥马利离开英国,12日抵达开罗。就这样,蒙哥马利临危受命,担任起第8集团军司令。

对我来说，能够证实在所有人身上，无论是死去的还是活着的人，都存在着无穷的勇气、价值，以及对宗教的虔诚和对祖国的忠诚，这是非常惬意的。——戴高乐

◆5◆ 上任四把火

蒙哥马利身材不高，长着狐狸一般的面孔。他的嗓音高，但略带鼻音，听起来刺耳，而且不太友善。不过，他头脑清醒，思维缜密，极富洞察力，能够很快从千头万绪中抓住事物的实质，并且明确指出解决问题的方法。特别是他的语言非常简练，能够用非常简单的语言十分清晰地把复杂的问题说清楚。

蒙哥马利十分喜欢打硬仗，越是强的对手，他越高兴。隆美尔的名字在英国简直是家喻户晓，无人不知。蒙哥马利知道，当这个集团军的司令，就是要和隆美尔在战场上比试比试了。这是他梦寐以求的事情。蒙哥马利对他人说："在那片沙漠里，倒霉的将是隆美尔，我一定要打败这个德国人！"

这就是蒙哥马利的风格：意志坚定，从不言败！

中国人有句俗话，叫新官上任三把火，讲的是新官到任后通常采取新的有力的举措，以打开局面。而蒙哥马利上任，却烧了四把火。

第一把火是在集团军树立他的形象，重振官兵的士气和建立官兵对集团军本身的信任。他对迎接他的人说："陪我到部队，我要让士兵们认识我。"他在部队不时地发表讲话："各位朋友，我叫伯纳德·蒙哥马利，刚从英格兰来，担任第8集团军司令。我希望和大家见上一面，并愿意借机告诉大家我的一点小小的想

法，这就是：决不后退！请相信，这个想法将成为改变你们命运的钥匙！”

英军官兵被前一阶段作战搞得非常沮丧，心情灰暗到了极点，现在听到眼前这位矮小的新司令“决不后退”几个字，感到非常痛快。他们把目光集中到了蒙哥马利戴着的那顶缀有双徽的坦克部队贝雷帽，失去的信心慢慢地恢复起来。

接着，他提出了一系列改善官兵生活的具体措施。其中有一项措施就是，从此以后，全体官兵无论是用餐还是睡觉，必须进入帐篷里。原来，他发现第8集团军前任司令要求官兵只能在帐篷外吃饭与睡觉。在沙漠地形条件下，露天吃饭与睡觉是非常艰苦的事情。蒙哥马利对士兵们说：“真不知道你们是怎样适应这种苦行僧的生活的。吃饭在露天的大太阳下，睡觉在帐篷外的地上，笑话！吃苦不在于这种形式，对士兵要关心，要尊重他们，爱惜他们的生命，要尽可能地改善他们的生活条件。如果生活得不舒服，谁也不会有高昂的斗志。”英军官兵是蒙哥马利一系列改善生活措施的受惠者。他们开始喜爱这个怪怪的老头，逐渐相信这个老头能够改变他们的命运。

第二把火是审查集团军机关的所有人员，砍去那些“朽木”。蒙哥马利是一个眼里揉不得沙子的人。或许名将都有一个特点，他本人强，也要求身边的人员强，这就是强将手中无弱兵吧。蒙哥马利言语不多，但前文说了，他有惊人的洞察力。他还没有担任第8集团军司令时，就对英军中哪些军官有能力、哪些军官是庸才了如指掌。蒙哥马利非常赞赏艾森豪威尔的一句话：“如果你已经对某个人完成任务的能力产生了怀疑，那就一刻也不能让他留在负责的岗位上。”

他第一个撤换的人是第8集团军代理司令拉姆斯登中将。他为什么将拉姆斯登撤职，甚至没有经过请示就执行了？本来，按命

高级指挥部是成功还是失败决定于它具有随机应变的能力或者缺乏应变能力。——巴顿

令要求，蒙哥马利应该在8月15日正式接替司令一职。可是他在听拉姆斯登汇报时，问了拉姆斯登几个问题，他发现拉姆斯登总是让他觉得战场上的一切都有一种捉摸不定的气氛，而这正是一名高级军官的大忌，也就是说，他认为拉姆斯登没有掌握全局的能力。于是，他果断决定必须立即接管第8集团军，因为军队在拉姆斯登这样的人手中实在太危险了，一天都不能等了。他提前两天接管了第8集团军。并且发布的第一道命令，就是解除拉姆斯登的职务。

紧接拉姆斯登其后被撤职的还有第7装甲师师长伦顿少将。这个人被撤职的惟一原因，是在和蒙哥马利首次见面时，犯了一个错误。当时，他向蒙哥马利汇报后请示："在未来发起的进攻作战中，唯一需要决定的事是：由谁率领装甲部队向隆美尔进攻。"蒙哥马利回答："不，我们的坦克将不发起进攻，而是等待隆美尔自己撞上来。"可是，伦顿却坚持己见，与蒙哥马利争辩起来。这使得蒙哥马利大为恼怒。为什么？因为蒙哥马利性格里有很强的专横与傲慢因素，他的虚荣心很强，绝不许他人挑战他的权威。伦顿所为，被蒙哥马利看作是对自己指挥权的挑战，如果每个军官都这样，兵将无法带，仗将无法打。于是，很快将这个人撤职。此外，还有一批指挥官丢掉了职务。

砍"朽木"的同时，蒙哥马利又栽"新树"。

他提拔了一批年富力强的军官。第13军军长、第30军军长、情报处处长、炮兵主任等等，都是一些能征善战的人。特别提出的

是,他让最得意的助手德·甘冈担任他的参谋长。命令一下,全体英军军官大吃一惊。为什么?因为英军规定,在陆军部队只设高级参谋,而不设参谋长。蒙哥马利这一决定,就等于打破了这一常规,即使是德·甘冈也提醒他不要这样做。可是,蒙哥马利说:“统帅的头脑不能全部装着鸡毛蒜皮的琐事。我让你担任参谋长,就是不想在树林里逛来逛去,忙着剥树皮,而是要走出树林,看一看整个森林。”

蒙哥马利这把火把英军官兵们的士气烧起来了。第8集团军一位中校军官在后来的自传中曾评价了这把火。他说:“一个有勇气把一些准将从集团军的参谋机构里解职的将军,一位有勇气在军士长的心中激发起热烈的献身精神的将军,是不可能不打败隆美尔的,或者说,是不可能不取得胜利的。”

第三把火是建立一个和他自己性格和作战理论相符合的指挥系统。蒙哥马利有一句名言:如果脑袋里面总是纠缠着一大堆琐碎事务,就不可能有清晰的思想。他烧这把火的目的,就是要把自己从琐碎事务里解脱出来。为此,他成立了一个作战司令部。这个司令部设在离集团军他的司令部相当远的前沿地域,所有的作战详细计划和行政管理事务都由作战司令部负责。他要求这个作战司令部必须精干,只编配极少量的参谋、通信、机要人员和联络官。他让他的参谋长德·甘冈全权负责这个司令部。他规定:作战司令部与军司令部同级。这样一来,使得蒙哥马利终于摆脱了忙碌得像蜜蜂一样的琐碎事务,有时间和精力经常和下面的军长或师长保持密切的接触。这样,尽管蒙哥马利不像隆美尔那样,是一个在前线进行指挥的司令官,但是他对他手下的将军和高级军官心明如镜,对作战情况也是完全了如指掌。

第四把火是寻找隆美尔的弱点,打一胜仗,振奋士气。当时,德意联军已是强弩之末,处境非常不好。一是补给线长,部队距离

战场上的人对战术情况的了解总比距离战斗现场几千英里的人清楚得多。——艾森豪威尔

最近的补给基地托卜鲁克也有500公里,部队缺乏给养,作战物资不能及时到位,伤病员无法及时后送,兵员不能及时补充;二是官兵疲惫不堪,士气下降,非战斗减员增加。长期在沙漠的恶劣环境中作战,又不能得到给养,官兵口粮质量极差,中暑、胃病等疾病流行;三是隆美尔本人的身体不好,据德军军医向希特勒报告,隆美尔已患了严重的胃溃疡和鼻炎,血液循环系统也不好,甚至建议隆美尔不再适宜担任指挥职务。

相比之下,英军由于蒙哥马利上任后的一系列举措,士气逐渐高昂,后勤补给也比较充分。蒙哥马利本人更是精神饱满,极有战胜隆美尔的自信。

这时, 英军有人认为隆美尔很可能要选择最明智的战法:撤退! 如果隆美尔后撤,那么将使英军精心构筑的坚固工事完全失去作用。因此,他们主张立即恢复对隆美尔的进攻。

然而,蒙哥马利根据自己对隆美尔个性的了解,却正确判断隆美尔不会后撤,而是会选择进攻。他分析,德军在苏德战场攻势正猛,而北非战场则是德军两大钳形攻势的一端,如果北非这一端后撤,那么就等于德军承认失败,这是荣誉感非常强的隆美尔无论如何也不会做的。

于是,蒙哥马利根据情报分析,正确判断隆美尔将向阿拉姆哈勒法山一线实施进攻,他在那里精心设计了一个陷阱。隆美尔果然上当。8月31日,隆美尔率领他的装甲集群向蒙哥马利布设的陷阱冲了进来,结果遭到严阵以待的英军猛烈杀伤。同时,蒙哥马

利请求空军配合猛烈轰炸了隆美尔后方最重要的基地托卜鲁克。顿时,德意联军军心大乱,向后败退。可是,英军正要用坦克实施追击时,蒙哥马利下令不许追击,特别是不能消灭隆美尔保留在几个制高点上的观察哨。他的参谋对此非常不解。蒙哥马利说:“留着那几个观察哨,是为了让德国人能够看到我们下一步实施更大作战行动前所采取的欺骗措施。”

阿拉姆哈勒法山战役历时8天,犹如一针兴奋剂,使一直让德国人追着打的第8集团军士气空前高涨。这场战役奠定了英军反攻的基础。就连德国人也承认,“这场战役成为沙漠战的转折点,德国在北非的失败,就是从这里开始的。”

蒙哥马利烧的这四把火终于使第8集团军整个面貌为之一新。丘吉尔曾专门在蒙哥马利的纪念册上写道:“我祝愿第8集团军司令和他的部队战果辉煌,威名远扬。”

可是,四把火烧过,蒙哥马利却说:“这才是开始。我和隆美尔初次打交道非常有味道。这一轮是他发的球,我赢了;下次,该我发球了。现在比分是一比零。”

四把火烧过后的蒙哥马利,把目光瞄向了阿拉曼。他将在那里搭建一个通往辉煌的战争舞台。

在名将对名将的搏杀中,他们互为磨刀石,对手越是有名,越会把刀磨得非常锋利。如果你要不败于对手,刀就要比对手锋利,起手就要比对手迅速,手起刀落,把对手斩落马下。

◆6◆ 阿拉曼战役

阿拉曼位于埃及北部,东北距亚历山大港104公里,在第二次世界大战时,阿拉曼是德意联军在北非进攻的顶点,当隆美尔率

战争时期，我并不把全部真相告诉士兵，因为既无必要，也会泄密。——蒙哥马利

领他的部队攻到这里时，已是气喘吁吁，疲惫不堪了。由于缺少油料补给，隆美尔再也不敢打所擅长的运动战了，他只得用阵地战坚守防线，不惜任何代价阻止英军的突破。10万余人的德意联军部署在长达8~13公里的防线上，这弥补了兵力的不足。隆美尔在阵地最前沿大面积布雷。最大的北部雷区埋设了50万枚地雷，隆美尔还给它起了一个非常恐怖的名字：魔鬼的花园。

而站在德意联军阵地对面的英军，却早已从阴影中走了出来，真是补给充足，兵多将广，英军的兵力整整超过德意联军一倍，就是说两个英军士兵对付一个敌人都有富余。特别是英军获取了“超级机密”这一武器，对德意联军的情况简直了如指掌。这是一个什么武器呢？“超级机密”是英军设在伦敦布奇雷庄园的密码破译机构破译出来的德军密码情报。由于德军一直没有发现英军破译了自己的密码，始终用这类密码发报，所以，“超级机密”是英国最机密、最重要的情报来源。

为了保住这一情报渠道的安全，丘吉尔指示：“下金蛋的鸡，从不咯咯乱叫。”他要求“超级机密”只能口头传达，而不得用任何意义上的文字传达。由于当时北非战场对于英军来说至为重要，因此，丘吉尔命令情报机关保证向蒙哥马利提供“超级机密”。这样，蒙哥马利对德意联军的动向非常了解，甚至有时希特勒发给隆美尔的电报，最先收到的不是隆美尔，而是蒙哥马利。

这个“超级机密”太厉害了！

有了上述条件，蒙哥马利的心情和隆美尔真是完全不一样。

此刻面对隆美尔这样一个强大的、被神化了的对手，蒙哥马利太亢奋了，还有什么能比在全世界的注目下打败像隆美尔这样一个著名的敌人更能让他心驰神往的了！

亢奋的蒙哥马利具备了一切反攻的条件！他要做的只有一件事，这就是如何“隐真示假”，不让隆美尔知道自己的企图，打他一个措手不及。然而，阿拉曼是沙漠地区，把几十万军队和成千上万吨作战物资在这种没遮没挡的沙漠地区隐蔽起来，可不是一件容易的事。

可是蒙哥马利做到了。他是如何做到的？他有两个招法：“大变戏法”和“卖个破绽”。这在军事上称为伪装与欺骗。

大变戏法，也就是伪装。他请来电影布景设计师（巴卡斯中校）利用光学原理，造成人视觉的错误，使2000吨汽油无声无息地从地面消失了，安全地掩藏在一年前英军败退时胡乱挖掘出来的掩体里；他又将4000吨作战物资变成了一个个10吨大卡车大小的样子，远远看去，如同一个个兵营一般。火炮是最难伪装的了，因为火炮轮廓突出。然而，蒙哥马利还是把火炮变没了——他把火炮藏在3吨卡车下面，1200多门火炮远远看去，犹如1200多辆卡车。当进攻前夕，蒙哥马利又变出1200辆道具卡车，以掩饰已进入发射阵地的真火炮。

伪装的目的是隐蔽进攻企图，蒙哥马利准备在阿拉曼的北线向隆美尔发起进攻，自然要把集结在那里的作战物资伪装起来，不让敌人发现自己将在这个方向进攻。

可是，为了给敌人造成更大的错觉，使他们更加相信英军不会从北线发起进攻，还要做出将在南线发起进攻的样子。因为，作战的目的不是对峙，而是进攻，敌人最怕的不是你在哪里进攻，而是不知道你在哪里进攻。拿破仑曾说过：“战场上最可怕的不是对手的行动，而是对手的平静，因为这种平静背后通常隐藏着最可

只要地球上存在战争，即使是最热爱和平的国家，也有被拖入战争的某种危险。——罗斯福

怕的行动。”如果隆美尔一点儿也看不到蒙哥马利可能的企图，那么他很可能在全线保持高度戒备。这一点是蒙哥马利不愿看到的，如果这样的话，会增大英军主攻方向的困难。于是，蒙哥马利要卖个破绽给隆美尔，使隆美尔相信：英军将在阿拉曼南线发起进攻！

这个破绽卖得好啊！

蒙哥马利在阿拉曼北线所做的所有隐蔽，在南线都公开出来：在北线，他将油料隐藏起来，而在南线，他公开建立加油站、油库，铺设输油管线；在北线，他把火炮和坦克藏起来，而在南线，他让几十辆大卡车后面拖带着树枝，每天在沙漠地带里转来转去，卷起冲天黄沙，摆出一副兵力不停地向这里调动的样子。为了做得天衣无缝，即使让隆美尔相信了英军将在南线发起进攻，也不让他知道进攻可能的时间段，蒙哥马利还命令“卖破绽”的部队，恰到好处地放慢“卖破绽”工程的速度，让隆美尔感到：英军所有这些在南线的进攻作战部署，不会在11月以前竣工。

但是，蒙哥马利真正发动进攻的日子，恰恰是11月以前！

这就是谋略！这就是战争艺术！

1942年10月23日，蒙哥马利这把让对手隆美尔磨刀石磨出的锋利之刀，挥向了“沙漠之狐”。这一天，他向全集团军所有官兵发表文告，命令他们像大英帝国的雄狮一样，勇猛地扑向敌人，无论在什么地方，一旦发现德国人，就立即打死他。阿拉曼战役，就这样在蒙哥马利这份文告中开始了。

历时12天的阿拉曼战役，书写了一个新的历史，一度纵横北非大漠的隆美尔军团，从此一蹶不振，由此拉开了第二次世界大战反法西斯力量的一系列转折。同时，蒙哥马利也开始了他军事生涯的辉煌，他几乎在一夜之间成了大英帝国的救星。当丘吉尔闻知阿拉曼战役胜利的喜讯，声音有些颤抖地对蒙哥马利说："蒙蒂，大英帝国的全体臣民感谢你和你英勇的军队。"后来，丘吉尔在自己的回忆录里高度地评价道："在阿拉曼战役以前，我们是战无不败；在阿拉曼战役以后，我们是战无不胜。"

阿拉曼战役后，蒙哥马利参加指挥了英美联军几乎所有的欧洲战役，为最终战胜德国法西斯做出了巨大贡献。德国投降后，蒙哥马利被任命为英国驻德国占领军总司令。此后，先后担任过英军总参谋长、北约盟军副总司令等职。1958年，因年龄原因退休。

他最后退出公共生活是在1968年。那天，他参加英国国会举行的隆重而庄严的开幕仪式。蒙哥马利按要求手持国剑参加开幕式。国剑是英国女王授予功勋卓著军官的一种荣誉，它十分长，分量很重。即使是一个年富力强的军人，手持这种国剑也是一种考验，别说已是八十高龄的蒙哥马利了。然而，倔强的蒙哥马利坚持手持国剑到会。当女王讲话时，他实在挺不住了，身体摇晃了一下，差点倒下去，幸亏他人上前扶了他一把，搀他坐在椅子上。几分钟后，蒙哥马利慢慢地站起身，悄悄地走出了上议院，他这一走，也走出了公共生活。从此，他再也没有在公开场合露面。

1976年3月25日，蒙哥马利在伦敦病逝，终年89岁。

综合蒙哥马利成功的秘诀，很突出的一点就是他已把意志力作为身体的统帅，用他的话讲："意志力是人肉体的君主。"从蒙哥马利军事生涯来看，他做到了把意志力作为血肉之躯的主人，把正确的意志力作为敏锐思想的主人，把完美的意志力作为判断能力的主宰。

最好的军人是什么？是合金钢！既要有必胜的信念、旺盛的斗志和乐观的态度，也要有健壮的体魄。没有健壮的体魄，就难有饱满的战斗意志。——蒙哥马利

第三章

在一场规模和惨烈程度都是空前的战争中，成百万美国人以杰出的服务贡献给国家，而陆军五星上将乔治·马歇尔则把胜利贡献给国家。

——[美]哈里·杜鲁门

他无情地、严厉地对待那些不称职的军官，解除他们的职务，再选拔有才干的人来做这项工作。陆军最杰出的人才荣誉应当属于马歇尔。

——[美]亨利·史汀生

如果说，士兵是军队的血肉，那么军官则是支撑军队的骨胳。有了英勇的士兵，有了善战的名将，才可能拥有能够战胜敌人的战斗力。而怎样发现一名优秀的军官，显然是一件极为重要的事。美国历史上有一位将军，有着一双极为敏锐的眼睛，由他看中的军官，几乎都成为美军中最为善战的将帅。

甘于当人梯的乔治·马歇尔

乔治·马歇尔出生于1880年12月31日。这位出生在岁末的男孩，是父母3个孩子中的老小。1897年，他进入弗吉尼亚军事学院学习。当他走出这所院校时，已是20世纪的第一个春天了。1901年，他被授予第一上尉，开始了一生的军事生涯。此后，他曾在美军14个不同的部队服役。甚至还到过中国，在驻天津的美军第15步兵团任代理团长。

1917年，美国参加第一次世界大战，他随远征军司令潘兴到了欧洲，任第1步兵师参谋、作战处处长，参与制定了许多对德军的作战计划。战争结束后，被潘兴选为副官。潘兴是美军第一个五星上将，非常喜欢这个“利他主义者”。他说：“马歇尔身上有一种独特的气质，这种气质远远超出军事领域，而具有政治家的风范。看吧，几年以后，这个人将成为美军最优秀的将军。”

潘兴没有看错。

几年后，马歇尔离开潘兴走上了美军更高一级的岗位。他担任过本宁堡步兵学校的副校长、步兵旅旅长。1938年2月，他就任美军陆军部助理参谋长，进而走进了美军高层领导集团。在这里，他开始向军事生涯的辉煌顶峰攀登。

每一个人都希望自己仕途顺利，前程无量。然而，人生如行舟，有时顺流而下，一泻千里，酣畅痛快；有时逆水而上，步步是坎，险象环生。顺利之时，自不待言，而如何对待逆境，则拷问着当事人的能力。在这方面，马歇尔给了我们有益的启示。

◆1◆ "在遭遇坎坷时，要么耐心等待机会，要么慢慢老去，别无他法。"

人才，是待开发的资源。人才间的竞争，不仅意味着优秀者可以脱颖而出，而且还有一个在"待开发状态"时，被人忽视的苦恼，被人排挤的无奈。如何面对这样的境遇，拷问着人才的能力。

进入20世纪30年代，马歇尔已经年过半百，可是，他的军人仕途还望不到辉煌的前景，尽管他有能力，也有人帮他说话。潘兴将军曾几次向陆军部推荐他担任更高一级的职务。1935年，甚至罗斯福总统也向陆军部长建议提升马歇尔为将军。可是，在美国有些事情即便是总统发话，也未必被采纳，特别是在用人问题上，更是如此。

这究竟是哪里出了问题呢？

据后来发现的史料，原来时任美国陆军参谋长的道格拉斯·麦克阿瑟不愿让马歇尔成为他的竞争对手。据马歇尔的夫人凯瑟琳说："麦克阿瑟说过，军人中只有乔治使他感到威胁。如果乔治无法和他一争雌雄，他就可以稳坐第一把交椅。"麦克阿瑟是一个荣誉感非常强的军人，他战功显赫，经历要比马歇尔丰富。当然，他的军衔也比马歇尔高。这时，他已是中将军衔，而马歇尔不过是准将。然而，他曾经和马歇尔在欧洲战场上一起同德国人作过战，他深知马歇尔的军事能力不在他之下。所以，掌握用人大权的麦我时刻想着能够成为指挥一切的统帅，这个愿望在我儿时就有。我一直努力使自己一旦得到这个岗位时，就做好了一切适合这个岗位的准备。——马歇尔

克阿瑟，总是以各种理由不提拔马歇尔进入陆军决策层，不愿意给马歇尔提供一个展现自己才能的机会。

马歇尔后来从他人那里得知这一情况，然而又十分无奈。然而，他并不以为然。他在给自己的老上司潘兴的信中说："其实也没有什么，人在遭遇坎坷时，要么耐心等待机会，要么慢慢老去，别无他法。我权作这件事是一个经历罢了。"

马歇尔在这封信中表露出，世间有一个名词，叫胸怀！人不可能总是一帆风顺的，恰恰相反，总有或多或少、或大或小的坎坷与困难。面对逆境，是站着，还是趴下，衡量着一个人"才"的大小。只要不趴下，机会总会有的。

马歇尔并不太在意晋升的快慢，对于他来说，重要的是在现有岗位上是否尽了自己的职责。这种态度早在第一次世界大战时就已经显露出来。

当时，马歇尔任美国远征军作战处处长。那时，人们并不认为参谋军官是什么领导，不需要和战场指挥官一样，具有领导才能。然而，马歇尔却不这么认为。他在参谋岗位上发挥了突出的领导才能。他发现参谋部机关传达命令的系统过于繁杂，下级指挥员（尤其是营连排长们）接到野战命令或作战命令的时间很晚，他们的行动因此受到严重的阻碍，因为在发起进攻之前，他们没有足够的时间进行侦察研究。

马歇尔决定采取措施改变这种状态。一天，他带着次日的命令稿离开办公室去参加参谋会议，以便在下达之前得到最后的批

准。为了节省时间，他把该命令的副本交给他的助手道利，叮嘱他守在电话机旁，对他说："如果命令被批准，我会在第一时间打电话给你，然后你就向各部队下达命令。"道利说："是，上校，我明白。不过，使用电话传达命令是违反保密规定的。"马歇尔回答说："谢谢你提醒我注意，不过，你还是要照我说的去做，我将承担一切责任。"

道利按照马歇尔的指示向下传达命令。当他把命令通报给第1军时，军参谋长马林·克雷格对他说："注意，年轻人，你知道你在干什么吗？"

道利以为他所担心事情发生了，怕自己因此受到斥责，马上想把自己择出来，表白说："是的，长官，但我只是在执行马歇尔上校的指示。"

克雷格听后说："哦，那你替我谢谢马歇尔，他的这个做法为我的部队节省了近两个小时的时间，我们可以提前向下级传达命令，这就给了下级指挥官们一个相当不错的机会。"

马歇尔的这次创举，在第一次世界大战后被利文沃斯陆军指挥参谋学院引用，作为典型的参谋领导事例。而对于马歇尔本人来说，这种尽职于自己岗位的态度最终使他一直等待的机会向他走来。

1936年，潘兴忠心耿耿的老部下马林·克雷格将军继任陆军参谋长职位。潘兴很快给克雷格写信，推荐马歇尔。马歇尔在一战期间改变参谋工作作风，给克雷格留下了深刻的印象。所以，马歇尔的好运来了。

1936年8月24日，马歇尔终于正式领受准将军衔，任华盛顿州第3步兵师第5旅旅长，兼管华盛顿和俄勒冈州的民间工作队劳动营。1938年2月，正当马歇尔干得起劲的时候，他接到克雷格的命令，让他立即赶往华盛顿执行一项特殊使命。原来78岁的潘兴将

所有士兵希望得到的前进动力是对他们工作的重视和赞赏。——巴顿

军病重，医生认为他很难安全度过这一关，克雷格是要马歇尔回来准备潘兴的后事。或许潘兴太欣赏自己的这位部下，不看到马歇尔升到一定职位他不甘心的缘故，当马歇尔赶到华盛顿时，这位将军却奇迹般地康复了。克雷格没有再让马歇尔回去继续当他的旅长，而是对他说："留下吧，任我的助理参谋长兼作战计划处处长，怎么样？"

1938年8月，克雷格即将期满卸任。陆军参谋长是美军人人羡慕的最重要的职位，许多人都盯着这个职位，开始各显身手地活动。马歇尔的好友也鼓动他找人帮助一下，把自己的副职扶正了。

然而，马歇尔是一个不喜欢跑官要官的人。他坚决拒绝了好友的建议。当然，并不是他不想当参谋长，而是他认为，自己军衔低，不过是个资浅的准将，上面还有32名将军，要超越这32位将军，谈何容易？再者，马歇尔是一个处事低调的人，他不喜欢张扬。

可是，有时"示弱"也会取得意料不到的效果。在所有竞争者都大造舆论之时，惟有他沉寂不动，反而引起了罗斯福总统的注意。1939年4月，一个星期天的下午，马歇尔被召到白宫，总统开门见山地告诉他："马歇尔将军，我打算任命你担任下一任陆军参谋长。"

1939年9月1日9时，就在希特勒进攻波兰、挑起第二次世界大战几小时后，马歇尔在陆军部举手宣誓，接受了美军正式少将军衔。片刻之后，他再次举手宣誓，领受美军临时上将军衔并正式就

任美国陆军参谋长。

就这样，马歇尔从准将一跃而升为四星上将，跳过少将和中将军阶，也越过了比他资历深的20名少将和4名准将。他是继“哈佛大学的医生”伦纳德·伍德以后，第二位没进过西点军校而担任参谋长职务的人。

对于军人来说，54岁可以说是进入了“高龄”。然而，马歇尔的耐心使得他在意志与忠诚以外，还多了一个素质：坚韧！具有全力以赴的做事态度和永远进取的工作精神，往往是最能干的人。许多人最终没有成为领导者，并不是他们能力不够、诚心不足或是没有当领导者的渴望，而是在困难与逆境面前缺乏足够的耐心。马歇尔的事例表明，意志只有借助坚韧，才能长驱直入，无人匹敌。

美军有一个著名的将军叫柯林斯。这位曾担任集团军司令、后来担任美国陆军参谋长的将军曾经对他人说：“运气对于获取高位有很大关系，我不否认这一点。然而，我更为有幸的是遇上了马歇尔将军，这位有才华的领导人使我获了更好的运气。是他发现了我，使我能够率领几万士兵与德国人作战！”马歇尔正是在陆军参谋长的岗位上，发现了包括柯林斯在内的一大批有指挥才能的军官，并把他们送上了更高一级的岗位。

◆2◆“他是美军杰出将领的人梯，整个美军都敬重他。”

标题中的这句话，是美军陆军五星上将奥马尔·布莱德雷在马歇尔逝世后对自己这位上司的评价。

人，是天地之精华；人才，是百业之财富。军队亦然。然而，如何寻觅人才，则是一门艺术。军队并不缺少人才，而是往往缺少培

> 我一直呼吁全面消除战争……但是一旦我们必须面对战争，那我们就别无选择，只有采取一切可用的手段尽快结束战争。战争的目的就是胜利，而不是旷日持久的僵持。——麦克阿瑟

养人才、挖掘人才的人、方法与机制。我们从马歇尔的用人之道可以更深地理解人才理念。

陆军参谋长有着人事大权，要担任师以上一级的职务，过不了陆军参谋长这一关，就没戏！在这个问题上，马歇尔可以说是权倾全军。而且，借用法国罗丹那句名言“世间不是缺少美，而是缺少发现美的眼睛”，马歇尔就是发现美军人才的眼睛。

马歇尔在本宁堡担任过步校副校长，这是他军事生涯中最重要的阶段之一。他任副校长的这一时期对美国一些杰出的将领也具有同等重要的意义。在校任职期间，马歇尔教授学员职业品德，激励他们努力工作，并鼓励那些才华出众、很有希望的军官们要有忍耐性。

当时，这所学校有一位非常有前途的中尉学员，名叫劳顿·柯林斯，他一度因美军中裙带成风的现象感到十分沮丧，因为，他已经当了17年的中尉。1936年8月，他给马歇尔写了一封信，信中柯林斯开始怀疑他在陆军中是否有前途。马歇尔非常喜欢这个年轻的中尉。他回信说：“把目光放得远一些，年轻人！军队正在显示出真正现代化的迹象，到时候，你和与你一类的好些人都会得到提拔，我相信这个时期很快就会到来。”

马歇尔的一封信打消了柯林斯的顾虑。他后来被马歇尔提拔起来，成为赫赫有名的二战将领之一，并在战后担任了陆军参谋长。在本宁堡的教官和步校学员中，当时受马歇尔赏识的约有160人，他们在第二次世界大战中大都成为了将军，其中有陆军五星

上将奥马尔·布莱德雷、第1集团军司令考特尼·霍奇斯中将、印缅战区参谋长约瑟夫·史迪威中将、第82空降师师长马修·李奇微等等。

不过，马歇尔用人有自己的标准。他用的是忠诚、勇敢、有能力之人，而不是投机钻营的苟苟者。关于这一点艾森豪威尔曾经讲了他亲眼所见的一件事。

有一天，艾森豪威尔到马歇尔的办公室，看见一个将军从里面走出来。艾森豪威尔进去后，发现马歇尔脸色非常难看，忙问："您是否有什么不愉快的事情？"马歇尔脸色铁青，气呼呼地说："我最瞧不起那些为了个人名利钻营升迁的人。我本来打算为刚才走出去的那个鬼东西安排一个不错的职位，没有想到，他进来后就对我讲了他如何如何应该晋升的理由，好像必须要提升他似的。我马上改变了主意，告诉他，在这场战争中得到提升的人将是无私和能挑重担的人，而你不具备这个条件！"

还有一件事可以说明，任何军官如果在马歇尔眼里似乎是在急切地挑选符合自己心愿的职务，那他就会遇到麻烦。这件事记载在陆军部长史汀生1941年写的一篇日记中。史汀生写道："今天，威廉·哈斯克尔将军来看我，谈了他对退休前未来8个月任职的想法。我很喜欢哈斯克尔……但是，当我把此事告诉马歇尔时，我发现哈斯克尔安排自己前途的行为使马歇尔大为恼火，当即拒绝了他的要求。"马歇尔与史汀生的关系相当不错，他之所以拒绝对哈斯克尔的意愿做特殊考虑，理由很简单，因为后者提出了这一要求。

如果是平庸之人，即便是马歇尔的好友，也不会得到晋升，甚至会得到处罚。马歇尔有一位好友，曾是一位将军，两个人的私交非常好。然而，这位将军的太太却在给友人的一封信里抱怨道："马歇尔参谋长是我儿子的教父，在我儿子出生的那天，他整夜没我们的目标是造就一批身体强健的士兵，他们既要受过军事上和技术上的专业训练，又能适应纪律约束和部队的合作精神，而且还要以一个士兵最大限度的尊严来对待他的任务。——艾森豪威尔

睡，在医院的走廊里踱来踱去。我想他这人可真好。但是关于他的领导才能，我却不能恭维。后来他对我丈夫太残酷了，简直不能原谅……他使他衷心耿耿的朋友垮了下来……他毁了我丈夫的军事生涯，伤透了他的心，而且把他的少将军衔也取消了。"她丈夫在第二次世界大战中犯了一个不可饶恕的判断错误，马歇尔并没有因是自己的好友而偏袒，立即把他从少将降为上校。这位将军太太的信，正是对马歇尔做的再好不过的赞誉。

对于那些不伸手要官的人，只要马歇尔认为有能力，即使与自己争吵过，他也会提拔使用。艾森豪威尔就是一个非常好的例子。

艾森豪威尔是一个一天兵也没有带过的参谋。然而，他一跃成为美国指挥军队最多的统帅。这颗新星的升起，完全得助于马歇尔。

马歇尔是在1941年夏天认识艾森豪威尔的。当时，艾森豪威尔担任第3集团军参谋长。马歇尔在观摩这个部队演习时，发现演习最突出的特点是后勤协调得好，后勤保障及时有力，而这个问题在当时是一个大难题。马歇尔看完演习后认为，后勤保障牵涉面极广，能协调得如此好，得益于事先计划的周密。当他知道艾森豪威尔是这次演习计划的制定者时，默默地记住了这个名字。不久，他就把艾森豪威尔调到陆军参谋部工作。后来，艾森豪威尔做的许多事情，马歇尔都非常满意。可是，过了一段时间，他们之间发生了一次争吵。

这件事就发生在前面提到的艾森豪威尔到马歇尔办公室、看到他的上司因为一位将军向马歇尔要官而怒气冲天的那天。或许，由于马歇尔心情不好，他责骂过那位倒霉的跑官要官的将军后，突然转身对艾森豪威尔说："你也一样。我偶尔得知乔依斯将军想让你到他那里担任师长，克罗伊格将军告诉我，他随时都乐意给你一个军。唉，这实在是太糟了，你是一个准将，而且你还将是一个准将，怎么可能担任这样高级的职务呢？你还有什么可说的呢？"

艾森豪威尔听后，或许认为自己受了天大的委屈，因为他不是这样的人。于是，他也毫不客气地回答道："将军，你弄错了，我根本不在乎你的提升和你提升我的权力。是你把我调到这里工作的，我并没有对你说过我是不是喜欢这个工作，我只是努力尽我的职责。"说完，艾森豪威尔转身就向门口走去，他感到一分钟也不想多呆下去。可是，不知为什么，走到门口，他又掉过头看了一眼，发现马歇尔坐在硕大的办公桌后面，竟然面带微笑地看着自己。艾森豪威尔似乎觉得自己有些过火，于是，也礼貌地报以一笑。

更让艾森豪威尔没有想到的是，从那天起，马歇尔便开始提拔他。甚至亲自给参议院写报告，请求把艾森豪威尔提升为少将。马歇尔说，艾森豪威尔最适合的工作不是在陆军部当参谋，而是当一个率兵打仗的指挥官。不久，马歇尔就决定把艾森豪威尔派到英国，担任盟军统帅。临行时，他晋升艾森豪威尔为中将军衔。一年后，就晋升他为上将军衔。

后来，马歇尔在解释为什么提拔没有指挥经验的艾森豪威尔去指挥那么大规模的军队时说："无私，正是无私，使我最终选定了他。我没有想到我这里竟有一个努力工作、不考虑自己提升可能性的人。当然，艾森豪威尔的协调能力与战略素质使他能够胜

我一直渴望荣誉和珍惜荣誉。然而，当荣誉与国家利益发生矛盾时，我就应该理智地把国家利益放在前面。——马歇尔

任自己的工作。”

一名卓越的军事决策者在用人问题上，大都具备善于用人之长的能力。马歇尔用巴顿，就是一个典型事例。

乔治·巴顿是美国历史上最具有个性的一名将领，被誉为“血胆将军”。然而，他的缺点几乎与他的优点一样突出，行为粗鲁，喜欢骂人，说话无遮拦，西部牛仔风格浓烈，爱出风头，不愿受羁束，正因为如此，巴顿才长期得不到重用。

早在第一次世界大战时，马歇尔就认识巴顿，而且非常欣赏巴顿的指挥风格与性情。第二次世界大战爆发前夕，美国开始扩军，军队需要人才，特别是需要像巴顿这样的装甲兵指挥人才。马歇尔想用巴顿。可是，这时有人提醒他：你敢用巴顿？他的行动很快就会证明，你用他是错误的。他们还举出巴顿在圣米耶尔战役的事例进一步说明不能用巴顿的理由。1918年，巴顿率领坦克部队在没有接到命令的情况下，“擅自”进攻德军兴登堡防线，他的这个行动暴露了美军有坦克部队的秘密，立即引来德军强大的炮兵火力打击。巴顿因此遭到上司塞缪尔·罗肯巴克准将的严厉责备。

可是，马歇尔却不以为然。他说：“用巴顿，可能是个错误，但是不用他，则会是绝对的错误！在圣米耶尔战役中，巴顿的行动无可厚非，如果是我，我也会那样做。因为，当时的条件非常适合连续进攻。如果接到命令再干，恐怕就来不及了。”

马歇尔有一个随身带的黑皮笔记本，上面记录着他对美军高级将领的评语。在巴顿的名字下面，马歇尔是这样写的：此人能带领部队赴汤蹈火；要用一根绳子紧紧地套住他的脖子；一有装甲部队，就交给他指挥。评语真是入木三分！

马歇尔坚持自己的意见，他在给总统的报告中写道："巴顿是陆军第一个真正的坦克手，他一直以旺盛不衰的精力与技术训练他的士兵，他是美国理想的军官，一个优秀的军队组织者、训练者和指挥官。在美军，乃至世界各国任何军队中，像巴顿这样的军官是不可多得的。"

罗斯福批准了马歇尔的报告。于是，年已55岁的巴顿，在1940年7月被任命为装甲旅旅长。

世界上没有尽善尽美的人。正确的用人之道，就是要充分发挥一个人的长处，避开他的短处。用人才，就是用他的长处，使他的长处得到发展，短处得到克服。用人才的目的不是成就一个完人。

马歇尔用人不求全责备，而是用人所长，结果使美军多了一员虎将。以致德军最有名望的元帅龙德施塔特经常对他的部下说："盯住巴顿，巴顿在哪儿，美军的主攻方面就可能在哪儿！"

"陆军军官都是很聪明的，给他们树干，让他们去添枝加叶吧。"马歇尔这句话至今也有着积极意义。

发现了人才，要想用好人才，还要惜才与爱才。军队是讲求权威的领域，没有严格的训练与管理的军队是难以想象的。然而，严格不等于简单粗暴。恰恰相反，大凡优秀的名将从来不吝啬爱的投资。当部属感知到上司的关爱与重视后，即便前面是刀山火海，他们也会毫不犹豫地冲上去。

受到软弱和怯懦束缚的善良的动机，是敌不过有武器的、死心塌地的邪恶行为的。真心热爱和平，却使千百万老百姓糊里糊涂地投入全面战争，也是不能原谅的。——丘吉尔

◆3◆“几乎每个人从他那里离开时，都诚恳地希望自己能做得更好一点，以使将军满意。”

这是美国传记作家小埃德加·普里尔对马歇尔研究后所做的评语。马歇尔是一个要求部下极严的人。一位曾在马歇尔手下当过参谋的军官评价他的顶头上司说：“在他面前，千万不要抱着勉强过关的思想，而是要尽善尽美；他不要书面上的概念，而是要具体的行动；他不要婆婆妈妈，拖泥带水，而要立竿见影。换句话说，他所追求的要么是白，要么是黑，而不是灰色……他期望他的部下不要犯错，即便你可能正确许多次，但一旦后来犯了错误，那么，在他面前，你可能就‘完蛋’了。”

马歇尔是一位完美主义者，不过他的完美主义具有特别意义。他懂得完美，亲身追求完美；他默默地督促部下达到完美的程度，这样才感到满意。比如，他要求部属必须诚信，不能谎报或隐瞒事实。在第二次世界大战期间，美军的师长中间有一句流传很广的话：“即使殡仪馆的真实情况多么令人不快，也不能对马歇尔隐瞒。”

当时，美军要求各师师长们指挥所在师完成了国内训练，必须向陆军参谋长汇报一次情况后，才能率领部队去欧洲或远东作战。这种情况汇报会包括马歇尔找他们谈一次话。一位美军师长在参加完这个汇报会后，记述道：“我猜想他可能会按他的战备状

态的标准给我们提一些忠告和建议。出乎我的意料之外,他把全部时间用来严厉指责那些对上司报喜不报忧的军官。由于别的原因,他的情绪很坏。他给出席会议的所有人留下了深刻的印象,使我们认识到,一位军官要有向上级首长报告真实情况的勇气,这是很重要的。”

还有一件事情。1944年,马歇尔到欧洲战区巡视。他在荷兰的海尔伦停留了一下,当时海尔伦是美军第30师师部所在地,师长是查尔斯·科利特少将。当时,在欧洲作战的美军有的师已做好了准备,有的还没有做好准备,困扰各个师最大的问题是缺乏兵员补充。马歇尔对此也很担忧。他在视察时就问科利特,如果把美国派到欧洲的补充兵员以团为单位编入正在作战的各师中,是否对战斗有所帮助。科利特将军立即答道:“是的。”马歇尔马上就以严厉的目光看着他说:“科利特,你不是因为我是参谋长才这样回答我吧?”因为马歇尔最讨厌部下对他提出的重大问题脱口而答。在他看来,这种人投机的成分非常大。

科利特听后,心里非常不舒服,他认为马歇尔的话是暗示着他是一个唯唯诺诺的人,于是,马上争辩起来:“将军,我说的是实情,如果您有怀疑,请您到其他部队了解后,那时会证明我的肯定是正确的。”马歇尔这才相信他说的是真话。

马歇尔几乎狂暴地厌恶唯唯诺诺的人。每当有书面的报告送来,或有参谋汇报情况时,他通常坚持要负责这项工作的军官出席会议,听取汇报。他告诫所有与会人员,不要因为他的顶头上司在场而产生顾虑,要大胆地发表自己的看法。

然而,马歇尔治军严,并不排斥他对部属的关爱。第二次世界大战是联盟战争,联盟战争不像其他战争,盟军之间能否在统一指挥下协同行动意义十分重大。如果说只指挥本国的军队作战,

做长官的如果与下属保持距离，也就等于放弃了享受随意、亲密乃至友情的乐趣。——戴高乐

那要容易得多。但是，联盟作战是由一个国家的统帅在相应形式（如当事国最高元首间的协定等）授权下，指挥多国军队进行作战，这个难度就大多了。因为，各国军队有各自的指挥机构，有各自的决策方式，有各自习惯的作战样式，并且受到民族心理、语言文化等方面因素的影响，各盟国间的军队往往会产生误解与分歧。

艾森豪威尔是一个非常讲求协调艺术的统帅。然而，马歇尔深知协调的难处，特别是美军要经常与难以打交道、固执的英国人一同作战，更要求艾森豪威尔不能有半点疏忽。所以，马歇尔从爱护部属的角度出发，在艾森豪威尔临行前就这个问题专门同他谈了三次话。他告诉艾森豪威尔不要卷入政治，首要的是，不要把宝贵的时光和精力浪费在为已经过去的事情的辩护上面，而应把精力放在考虑未来的问题上。马歇尔说："要尽一切可能不要与英国人争辩，他来争辩，你只是洗耳恭听，必要时，对他们说声'是'。最主要的是不要把你的脑力浪费在这上面。"

1943年12月，艾森豪威尔被任命为盟军欧洲战区最高统帅。当时，他正在为是回国看看家人，还是不回国继续坚守岗位伤脑筋。如果继续坚守，自己一直处于高度紧张状态之中，需要休息一下，换换脑子；可是，如果回国，又怎么能放下摆在他面前的重任呢？马歇尔听说后，立即替艾森豪威尔做出决定。1943年12月30日，他给艾森豪威尔发了一份电报，说："现在你可以回家看望你的夫人了，把在英国的事务托付给他人20分钟又有何妨。"

马歇尔任下级军官或连长时，知道他手下每个士兵的名字。他花很多时间与每个人交谈，熟知他们的经历和个人问题。如果有人指责他的士兵，他能在他的士兵和指责人之间迅速做出裁决。同时他也会公开批评那些应该受批评的人，让其他人引以为戒。他的士兵因为他的诚恳而自然地热爱他、尊敬他。他这个特性在他身为五星上将和陆军参谋长时，同样还保持着。他从不认为自己是高官显贵，而不去关心那些士兵。他被许多人称为“普通士兵的卫道士”。

一次，他到诺克斯堡视察部队。当时，他的夫人陪同他一起视察。马歇尔夫人发现，自己的丈夫很快穿过前两排士兵，走到后排停了下来和一个士兵谈了几分钟。她觉得很奇怪，于是问丈夫：“你为什么单单挑选那个士兵谈话？他怎么会引起你的注意？”

马歇尔回答说：“我一遇到这个人的目光，就知道有什么地方不对，我想弄清楚到底是什么问题。”

“你弄清楚了吗？”她问。

“弄清楚了。”他回答道，“一切都弄错了。那个人本不应该被征召入伍，他已经超龄了，有一大家子人口，身体条件也不适合服现役。他同样是一名好兵，想尽他的一份力量。我询问了好些时间才得知他的苦衷。征兵局疏忽了他的情况。”

当天，他就命令这个部队的负责人让这名士兵复员回家了。

梯子，是给人用以攀登爬高所用之器，他人借梯子之力爬到高处，而梯子却在下面默默站立。故而，梯子是奉献的代名词。而能够称得上人梯之人，除其大智大慧以外，更为可敬的是他的奉献精神。在美国，南北战争时期的陆军参谋长是谁？美西战争中的陆军参谋长是谁？第一次世界大战时期的陆军参谋长是谁？除了军事史学家外，恐怕很少有人知道。人们更多知道的是那些战场

陆军军官都是很聪明的，给他们树干，让他们去添枝加叶吧。——马歇尔

上的统帅:罗伯特·李、尤里塞斯·格兰特、乔·约翰斯顿、斯通沃尔·杰克逊、菲尔·谢里登、约翰·潘兴……美国人之所以记住了马歇尔的名字,就是因为他的这种人梯精神。

第四章

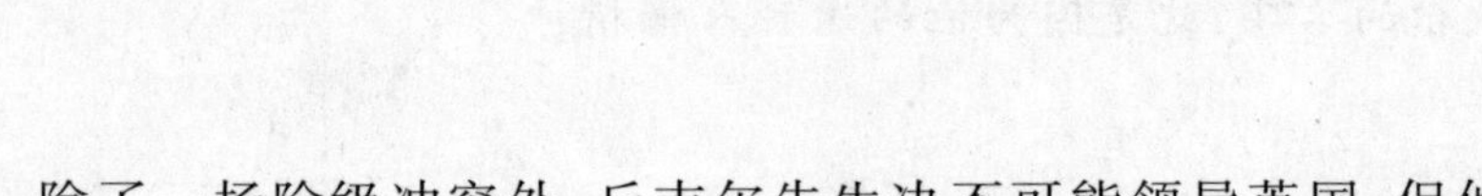

除了一场阶级冲突外，丘吉尔先生决不可能领导英国，但他极其渊博的知识和非凡的才能，他对重大事件所具有的洞察力和永无休止的兴趣，他进行辩论和演说及其所能达到的广度和具有的份量，这一切都使他对具有更深道义力量的领导人，能起到理想的补充作用。

——《泰晤士报》

1804年的一天,欧洲枭雄拿破仑站在英吉利海峡南岸,望着这道并不算宽的海峡不无感叹地说:“如果上帝能够让我主宰这道海峡6小时,我就能成为世界的主人!”然而,上帝让他失望了。拿破仑始终没有渡过这道海峡去征服英伦三岛。英国这个老牌殖民国家,曾无数次地扩张与殖民,却凭借这道海峡而很少遭受过他国的侵略威胁。然而,在拿破仑100多年后,英国终于遇上了真正的安全威胁——希特勒领导的纳粹德国军队,在横扫整个西欧大陆后,开始把下一个征服的目标对准了英伦三岛。整个大英帝国陷于一片惊慌之中。《泰晤士报》通栏大标题:《谁来拯救你,我们的大英帝国?》英国民众对张伯伦政府的失望到了极点,他们期待着一位铁腕人物领导他们抗击德国的侵略。

他们终于等来了这个人!

 坚守心中信念的温斯顿·丘吉尔 

丘吉尔是一个具有强烈信念的政治家。他怀着对大英帝国昔日辉煌的敬佩与留恋,在他的帝国走向没落的时代,使尽浑身解数,希望使帝国重振往日辉煌。

“我是维多利亚时代的产儿,我要做大英帝国遗产的守护者!”这是丘吉尔一生的政治理念,这种理念成为他终生政治行为的支配者。因为,大英帝国的辉煌在丘吉尔的孩提时代就深深植入他的血脉中……

丘吉尔是个混血儿。他的父亲名叫鲁道夫·丘吉尔,是英国著名的政治家，曾担任过英国财政大臣，这是个仅次于首相的职务。鲁道夫·丘吉尔年轻时，政治功名求成心切，曾声称要在尽短的时间内当上英国首相，从而被人称为“伟大的急于求成的年轻人”。

丘吉尔的母亲名叫詹妮，是个有印第安血统的美国人，出身于美国一个名门望族家庭。1625 年，第一批英国清教徒乘坐“五月花号”船来到北美大陆。这是英国对美洲大陆最早殖民的开始。这艘船上有一个人，名叫约翰·库克。他有两个女儿，一个女儿是罗斯福总统的母亲萨拉的曾祖母，一个女儿是丘吉尔的母亲詹妮的曾祖母。因此，丘吉尔与美国总统富兰克林·罗斯福还有血缘关系。

1874 年 11 月 30 日，生性爱玩的詹妮带着 7 个月的身孕去参加舞会，不想运动过大，竟把孩子生在了舞场。

这个早产儿就是温斯顿·丘吉尔。

俗话说，父母是孩子的第一个老师。丘吉尔继承了父母许多东西。比如，他的母亲出身于一个非常富有的家庭，在伦敦上流社会过着愉快的生活。即使当丈夫去世后，家境衰落，也不善于精打细算。丘吉尔也是这样，过着几乎完全脱离常人的生活。尽管伦敦是世界上地铁最发达的城市，但是，丘吉尔一生只坐过一次地铁，他不习惯在地铁里与他人面对面地坐着，他说，这样会使人产生十分尴尬的心理。正是出于这个原因，他一生从来没有坐过比地铁更拥挤的公共汽车。更为甚者，他不会将牙膏挤在牙刷上刷牙。他的政敌讥讽他说：“除了能够娴熟地点雪茄，丘吉尔不会料理自己的一切。”

然而，对于丘吉尔来说，他继承下来最重要的是父亲那种急于成就功名的心理。丘吉尔对政治领域那种惊心动魄的角逐、极富戏剧性的变化非常感兴趣，特别是对大英帝国的力量产生了崇拜心理。渐渐地他可以评论起父亲的功名成败得失原因。比如，他战争的真理是绝对的，但是指导战争的原则每次都必须根据周围的情况确定，而实际情况总是不相同的，因此，任何规则都不是行动的指南。——丘吉尔

认为父亲辞去财政大臣的做法非常失策，是一个无法挽回的悲剧性错误。他对母亲说："如果是我，会比父亲做得更好。"

后来，他竟然到下院听会，专心致志地倾听那里发生的政治大辩论，并且学会了辩论的艺术。少年时代的丘吉尔认为，对于政敌，有时最好的办法是针锋相对。他把在下院学来的这些辩论手法竟然用于他的生活中。一次，校长对于丘吉尔挑拣老师、不愿意向不喜欢的老师学习的问题给予警告批评。校长说："丘吉尔，我有很充分的理由对你表示不满。"而丘吉尔听后，大声回敬说："先生，而我得出的是完全相反的结论——我也有充分的理由对你表示不满。"当时，丘吉尔才刚满 10 岁。

丘吉尔相信，政治是什么？政治是权力！而获取权力的优势最重要的莫过于对于未来的设计与想象。所以，丘吉尔从少年开始就养成了极富有创造力的个性，他几乎整天都在谋划明天的事情，思考别人从来没有想过的事情，并且急切地想在未来的政治大舞台上成为一颗新星。比如，他还在桑赫斯特军校读书期间，就曾想象过发生一场大规模的战争。他说："没有发生大规模的战争，我就无法大显身手，出人头地。如果有一天，阿富汗人、苏丹人或者印度人心血来潮发生起义和暴动，我就可以在那里指挥英国军队，获得勋章，一直爬到最高统帅的宝座。"

所以，从少年时代丘吉尔的成长经历，可以看出丘吉尔是一个非常崇尚权力政治的人，并且这种崇尚是那样的急切！这种个性深刻地影响了他的一生。

大英帝国的没落是与德国的崛起共生的。这种“共生”过程开始于19世纪末。这对“没落”与“崛起”的碰撞,深深刺激了丘吉尔。整整半个世纪,他一直没有对帝国眼前的这个敌人抱有任何幻想,即便是英国一度战胜了德国,他也没有过这种幻想……

第一次世界大战结束后,以英法为首的27个战胜国通过《凡尔赛和约》,对战败的德国实施了最严厉的制裁:七分之一的德国国土和生活在这些地区、占德国十分之一的人口被分离出去;德国的武装力量严格限定在10万人以内,并且不得拥有重炮、坦克、飞机、潜艇和大型战舰;德国不得在横贯德国西部的莱茵河右岸面积达9540平方公里的地区驻兵;此外还有大量的战争赔款。当时的欧洲人普遍认为德国被彻底击败了,相信一个持久的和平时代已经到来。然而,却有极少数的人并不这样认为,丘吉尔就是其中之一。

面对一战后和平而欢欣鼓舞的欧洲,有两个大人物却提出相反的看法。一个是福煦。这个人是法国著名的军事家,他的军事思想对第一次世界大战产生了很大的影响。由于福煦对战胜德国做出了重大贡献,因此除了法国授予他元帅军衔外,他还接受了英国和波兰政府授予他的元帅军衔,成为战争史上绝无仅有的“三国元帅”。福煦熟知战争史,知道巴黎圣母院的钟楼是怎样先后五次目睹普鲁士军队的刺刀,因此他在仔细地研读了《凡尔赛和约》后,深刻地预测:“这不是和平,这只不过是二十年的休战!”

然而,当时的欧洲没有人能够听懂他的预测。和平,还是一片的和平!

不过,丘吉尔听懂了!

在第一次世界大战时期,丘吉尔担任内阁的海军大臣和军需

> 战斗中的死亡是因为时间和敌方有效火力在起作用。你应以自己的火力去压制敌人的火力，以迅速的行动来缩短时间。——巴顿

大臣。战争结束后，他先后担任过国防大臣、殖民大臣和财政大臣。1929 年后，直到 1939 年第二次世界大战爆发，他在内阁没有担任过任何职务，专心写作。

面对第一次世界大战后欧洲浓烈的和平思潮，丘吉尔和福煦一样，也仔细地研读了《凡尔赛和约》。他认为，这是一个非常不切实际的条约。比如，他说条约中的赔款条文是“苛狠和愚蠢”的。

为什么这样讲？他提出了自己的理由：

赔款的有效，前提是赔得起。赔不起，等于是一张白条。他指出，欧洲战胜国的政治家们对本国民众声称，要让德国掏出“最后一分钱”。然而，德国赔付不起高达 200 亿德国金马克的赔款。战胜国为了能够拿到赔款，只有向德国投资，以恢复德国的经济。打个通俗的比喻，这就叫养鸡下蛋吃。可是，丘吉尔认为，这只不过是一厢情愿，最终的事实表明，德国在“贪婪地吞食每一笔向它慷慨提供的贷款，然后他们再利用这些贷款大变戏法，用于偿还的赔款还不及贷款的五分之一”。这就等于说，英美等国养的“鸡”并不下蛋，最后肥了“鸡”本身。

所以，丘吉尔气愤地说：“所有这些就是一篇包含着各种各样的愚蠢做法的悲惨故事，而编写这些故事，又损耗了多少辛劳，败坏了多少美德！”他认为，《凡尔赛和约》的赔款要求不可能摧毁德国人侵略扩张的理念。相反，却最终培植了日耳曼人复仇的意识。丘吉尔在自己的回忆录里认为福煦说得对：“这不是和平。这是二十年的休战！未扑灭的普鲁士武士的火焰将会再次燃烧起来。”

丘吉尔对他那个年代战略力量消长的结论是正确的。纳粹运动的兴起证明了这一点。从这个给人类带来无穷灾难的运动兴起的那天起,他就对它深恶痛绝。在西方社会,丘吉尔是第一个向世人呼吁要警惕希特勒及其纳粹运动的人。

说来很怪,丘吉尔对犹太人也是不尊重的,他时不时地会开一些犹太人的玩笑,发表一些白种人优越的言论。西方有位传记作家说:"如果一个白种人和一个犹太人在丘吉尔面前一起向他乞讨,丘吉尔会拿出钱给白种人,然后说:'你给白种人丢脸,你应该用自己的行动证明上帝给你的肤色是正确的!'而对犹太人,丘吉尔却在给钱后说:'我非常同情你,却无法改变你的一切!'"

丘吉尔有没有说过这样的话,已无法考证,但可以反映出丘吉尔骨子深处的种族优越情结。然而,丘吉尔对希特勒排犹与反犹政策却十分反感。他说:"这个劣迹斑斑的德国下士,不过是用排犹与反犹政策,作为把德国人集合在他的大旗下的手段。他的下一步就是战争与征服。"

丘吉尔对于纳粹运动及其政权的厌恶,希特勒简直是一清二楚。然而,希特勒是个为达到目的不择手段的人,必要时他敢和魔鬼握手。1936 年,希特勒通过德国驻英国大使里宾特洛甫两次邀请早已下野的丘吉尔访问德国。但都被他拒绝了。

丘吉尔拒绝希特勒伸过来的橄榄枝,固然有贵族血统的丘吉尔对希特勒卑微出身的反感,但是更多的还是丘吉尔的政治理念所致。如果说从理念上讲,丘吉尔是一个理想主义者,幻想重振大英帝国辉煌的话,那么在具体途径上看,他完全是一个现实主义者,能够用近似本能的客观分析,认为阻碍自己理想实现的将是希特勒及其纳粹极端政权。在这一点上,他比当时的英国张伯伦政府认识要深刻得多。丘吉尔曾严厉抨击张伯伦政府对德国的绥靖政策:"善者的软弱助长了恶者凶狠……是直接形成灾祸的中

如果所有的国家都完全同意不再保有和使用足以进攻取胜的武器，防御工事自然就会变得坚不可摧，而各国的边疆和独立也就会得到保障。——罗斯福

德国对西欧的进攻，打垮了英法联军，也把一直对德国采取绥靖政策的张伯伦政府打落马下。英国人选定了一直被称为“反纳粹斗士”的丘吉尔为战时内阁首相兼国防大臣。

如果说从前，丘吉尔始终希望国家避免纳粹扩张的威胁的话，那么自战争爆发后，他却一直期待着能有这么一天——危机使他担纲英国大权，在帝国的权力中枢中领导国家直接抗击希特勒。因此，他听到自己担任首相一职后，太兴奋了。他认为，今天的事实证明他在桑赫斯特军校的想法是多么的正确。那时他就想：“没有发生大规模的战争，我就无法大显身手，出人头地。”而这一切变成了现实。他在回忆录中说：“在这场政治危机中最后的多事之秋，我的脉搏始终是平衡的，我深深地感到了一种欣慰。因为我终于获取了指挥全局的大权。我觉得我是幸运的人。我以往的全部生活不过是为了这一时刻，为了承担这种考验而进行的一种准备罢了。”

作为优秀的政治家，应该具有良好的辩才，需要通过自己的口才，激起国民愿意齐集于自己的大旗下，去干你要想干的事。丘吉尔就是这样一位雄辩的演说家和实干者。1940 年 5 月 13 日，他在下院发表了一个简短而著名的讲演：“我不能给大家许诺什么。我所能付出的只有热血、辛劳、眼泪与汗水！你们要问，我们的政策是什么？我的回答是：竭尽一切可能，投入全部力量在海上、陆地上和空中进行战争！你们要问，我们的目标是什么？我可以用一个词来答复：胜利！不惜一切代价去争取胜利，无论道路多么遥远

和艰难,也要去争取胜利!”

丘吉尔这篇著名的演说,给了历史一个刻度。从此,英国不再软弱!这位喜欢大号雪茄烟和香槟酒的新首相,成为了英国乃至沦陷的欧洲大陆的一个希望。

丘吉尔本人是一个颇有天赋的业余画家。绘画时,他不墨守成规,不喜欢按照严格的时间表完成作品,他懂得如何使自己的绘画作品适应其面对的场景,进而为发挥创造性、适应不断变化的亮部以及表现画家乍现的灵光留下一定的空间。令人惊叹的是,丘吉尔战时治国的才能糅进了他的绘画技巧:在选择一个宽泛的主题后,再用细节来支持自己的构想。

丘吉尔选择了最终的目标:“胜利!不惜一切代价去争取胜利,无论道路多么遥远和艰难,也要去争取胜利!”剩下的就是在战争计划的大背景下,考虑特定的作战行动了。实际上,丘吉尔指挥战争的天分很大一部分在于他能够看到战争重大因素和无足轻重因素之间的联系。

此时,在西欧单独与希特勒作战的英国,处境是极其险恶的:陆军在刚刚结束的法兰西战役中损失惨重,所有的重装备已经丧失殆尽,整个英国本土只剩下780门火炮和200辆坦克!空军也在战役中受到了很大的削弱,损失了大约1000架飞机,牺牲了435名富有作战经验的飞行员;只有海军的情况相对好一些……

狭长的英吉利海峡把英国和欧洲大陆分开。然而,仅凭这道海峡真的就能把敌人阻隔在海峡对岸吗?在第一次世界大战时,担任海军大臣的丘吉尔的回答是肯定的。

然而,仅仅20年后,当丘吉尔再一次面对这个问题时,他再如果要问我的指挥经验，我要告诉你们，第一条就是要有一位好参谋长。对于指挥官来说，优秀的参谋长是具有极大价值的珍珠。——蒙哥马利

也不敢像当年一样使用肯定的语气了。他太了解德国的状况了。他有充分的根据认为，德国人拥有的军事技术不仅使战争全面发展为陆海空全面作战，而且也使得英吉利海峡不再是一道不可逾越的天堑。他想起拿破仑在1804年7月2日所说的一句话："如果上帝能够让我主宰这道海峡6小时，我就能成为世界的主人。"

丘吉尔必须非常谨慎地对待事关英国生死存亡的问题。他在极短的时间内就"德国入侵"问题下达了一系列命令、指示和备忘录，其密集程度足以让人们感到危险已是迫在眉睫。在他的敦促下，英国从参谋长委员会到海陆空三军司令部，从海军大臣、陆军大臣、空军司令到本土部队总司令乃至总参谋长本人，都被要求立即对这一问题进行调查和缜密的研究，并得出能够让人信服的结论。

最后的结论出来了，德国正在准备登陆英伦三岛的"海狮作战计划"。而这个结论又被英国海岸警卫队在海滩上发现的40多具德国士兵的尸体证实了。这批尸体是德军在演习渡海登陆作战的一场意外事故中造成的。

丘吉尔很快作出判断：德军在登陆前，势必先要进行夺取制空权作战。如果英国军队能够牢牢地把制空权掌握在手中，德军登陆作战很可能失败。因此，能否保卫住英伦三岛，空战是关键。

而且，丘吉尔不怕和德军进行空中较量。

丘吉尔个性中的最大特点是善于对未来的事情进行谋划。早在纳粹执政初期,他就认为,如果把德国作为英国的作战对象,必须发展英国空军,因为德国要进攻英国,首先要依赖于空军。同样,正当德国进攻法国时,丘吉尔就已经料到如果法军一旦战败,德国很可能把对英国实施的空中打击作为进攻英国的前奏。所以即使在法兰西战役急需英国空军全力支援的时候,丘吉尔也坚持在英国本土保留一部分战斗机部队,以便日后抗击德军对英伦三岛发动的空战。

丘吉尔认为,英国的航空工业基础可以满足空战的需求。他命令皇家空军在得到地面火力和雷达预警的支援下,必须以 1 对 4 或 5 的比例作战。他对战斗航空兵司令道丁说:"虽然飞机数量我们不行,但是重要的是空战中飞行员的损失。由于我们是在自己的领空作战,所以我们的飞机一旦被击中飞行员可以跳伞逃生,但德军的飞行员则只能是死路一条。"

这时,英国人又幸运地获得了一部德国最高层的密码机,并在德国人完全不知晓的情况下,破译了德军差不多全部的通讯密码。

因此,丘吉尔的眉头舒展开了。1940 年 8 月 9 日,也就是在德军大规模空袭英国的前一天,他通过广播直接向全国进行动员。全国有百分之六十以上的人收听了广播,并被他充满了必胜信念的讲话所打动。丘吉尔大声问道:"我们泄气了吗?"伫立在街道、马路、工厂、农田、庭院等处的民众也同样高声回答:"不!"

这一切的一切,使英国人燃起了胜利的希望。空战期间,当一位英国老妇人看到视察德军空袭现场的丘吉尔时,她拥抱着自己的首相说:"亲爱的温尼(这是丘吉尔的爱称),你是大英帝国民众抵抗的灵魂!"

在丘吉尔这个抵抗灵魂的领导下,英国民众面对德国空军的军人在和平时期，没有其职业的真正实践活动进行自我训练,所以他们应当尽量利用历史,以保证他们本人和部队的战备状态,使他们在危急时候能有效地行使职责。——麦克阿瑟

狂轰滥炸,表现出来的是信心和乐观精神。有人在一家已经被炸毁的小店前看到,小店的主人正在把“照常营业”的牌子改写成“更加照常营业”。

最后,英国人终于取得了不列颠空战的胜利,永远把希特勒这头“海狮”阻隔到英吉利海峡那边,进而改写了历史,也为纳粹德国的最后覆没埋下了伏笔。

人生总是有得有失，有时学会放弃是为了更大的收获和更好的得到。而选择什么,放弃什么,则是一种大智大慧的体现。在硝烟迷漫的战场,更需要这样的智慧。当面对“一城之失”与“超级机密”的选择时,丘吉尔选择了智慧地放弃,进而改变了整个战争进程。

这是一个非常给人以启发的故事。丘吉尔在放弃考文垂、还是暴露超级机密之间,作出了决定战争进程的选择。

正当不列颠空战激烈进行时,英国情报部门成功地破译了德国的情报密码。这样,英国就掌握了敌人的情报,获取了信息优势,又将信息优势变成了作战决策优势,军队有针对性地做好作战准备,进而成功地击退了德国空军的进攻。

德国空军屡次进攻的不利,引起了德军的警觉,他们开始怀疑密码出了问题。于是,根据希特勒的指令,德军准备做一次空袭试验:用现有的密码指令部队空袭英国城市考文垂。

1940 年 11 月 12 日，丘吉尔接到了这份情报。情报显示：德军将在 48 小时内实施“月光奏鸣曲”计划，出动 500 架飞机，向考文垂投掷 4500 枚燃烧弹。

丘吉尔看后，大吃一惊！考文垂是一个具有 900 多年历史的古城，拥有 25 万人口和许多文化古迹。如果在这座城市投掷 4500 枚燃烧弹，等于将它从地球上抹掉。

当然，并不是没有办法减少考文垂的损失。如果提前疏散人口；如果在英吉利海峡提前拦截德军轰炸机；如果加强考文垂防空力量……这些措施都可以减少考文垂的损失。然而，那样做很可能带来一个最直接的后果：暴露了英国破译了德军密码的秘密。

密码是由特有的规则、程序及一个可变换的密钥组成的秘密通信方式。密码的破译是一件极为困难的事情。掌握了敌人的密码，就等于掌握了战争决策的主动权。

丘吉尔陷于了两难境地。

但是，他必须在放弃考文垂还是暴露破译密码秘密之间作出抉择！

最终，丘吉尔作出了放弃考文垂的决定。

因为，他非常清楚为了长远的利益和更多的收获，必须放弃考文垂。他对英国军政首脑人物说：“我们现在最重要的不是保护考文垂，而是保护破译德国人密码的秘密。我和诸位一样清楚，牺牲一座城市的代价是太大了一点。更令我难受的是这座城市就住着破译德国人密码的那些功臣的家人。但是，这与整个大英帝国相比，不算什么。”接着，他指出了当前国家面临的严峻威胁：“从威廉时代开始，我们的国土从来没有发生过战争。西班牙人和拿破仑的入侵舰队都被埋葬在英吉利海峡。然而，我们今天却面临着生死存亡选择！大家应该知道，情报在战争中的作用。为此，我

历史的海洋充满着各种著名的海难事件，然而如果我能找到一条路，我会比其他任何人都更坚定地沿着这条路走下去。——丘吉尔

决定，除了正常防卫外，不对考文垂做任何特殊的安排，就像我们不知道一样。我相信，当胜利来临的那一天，人们会理解我今天的决定！”

军情五处处长孟席斯提醒是不是将老人、孩子和伤病员秘密地撤出城。丘吉尔果断地挥手拒绝了。他说：“不，决不要这样做。那样会造成更大的混乱，一场无法遏止的混乱会毁掉我们的秘密。”

大家终于被说服了。

11 月 14 日夜晚，月光如镜，考文垂这座历史古城静静地沐浴在银白色的月光中，全城的居民谁也没有意识到灾难即将来临。

19 时 05 分，随着一阵阵凄厉的警报声，大批德国飞机飞临考文垂上空。当德军轰炸机的弹仓打开后，燃烧弹雨点般地落了下来，顿时，这座城市变成了一片火海。连续两个晚上的轰炸，使得考文垂 5 万座建筑被炸毁，500 家商店遭到破坏，600 多名居民丧生。其中 150 具尸体由于无法辨认，而被葬入同一公墓。

这是一个沉重的代价！

然而却值得！

丘吉尔放弃了考文垂，却保住了破译密码的秘密。希特勒的疑虑被消除了，更加放心大胆地使用现在的密码。而英国由于以后不断地把破译出来的德军情报用于最紧要的时间和地点上，进而对英国取得战争的胜利起了极大的作用。

放弃，有时是痛苦的。然而，当不放弃就会得到更大的痛苦

时，就应该学会适时放弃。这也是丘吉尔在考文垂问题上，留给我们的启示。

如同懦弱与惊惶具有传染性一样，勇敢也具有强烈的感染力。丘吉尔让英国民众认识到了坚持斗争是多么的重要，取得胜利是多么的光荣。对此，彼岸已经沦陷于纳粹铁蹄下的法国人非常羡慕地说："如果我们也有丘吉尔这样的政治家，法兰西就不会灭亡。"然而，喜欢谋划明天事情的丘吉尔清楚地知道，仅仅依靠英国一国力量，难以打赢这场战争。于是，他把目光瞄向了美国与苏联……

第二次世界大战是联盟战争，没有反法西斯各国的联盟，就没有战争的胜利。这个观点是正确的。在这个问题上，后人有一些观点认为，丘吉尔总是这个联盟的麻烦制造者。这个观点对不对呢？客观地说，如果用这个观点分析丘吉尔，有失公正，至少是不全面的。事实上，最渴望建立联盟的人，最早提出成立联合国的人，是丘吉尔，而不是其他人。

丘吉尔是个性格非常果断、意志非常坚强的人。希特勒曾经对他有过诱降的想法和打算。希特勒说，他对英国的要求只有一个，那就是：请你英国走开，把欧洲留给我和黑暗。然而，丘吉尔却回答："不，我决不走开，如果我们失败，那么整个世界都将在滥用科学的魔掌中坠入新的、更漫长和更邪恶的黑暗世纪。"他选择了战！

但是，丘吉尔非常明白，单凭英国一国力量难以战胜德国。丘吉尔这个人是善于从风云雷雨中找出最主要矛盾的。他把选择联盟的目光投向了除德国以外的所有国家，甚至想到了意大利。1940 年 5 月下旬，也就是在丘吉尔刚刚当上首相不久，他就给墨从敌人背后开火更能致命，比正面开火有效三倍。但是，要从敌人背后开火，你就必须要用正面的火力吸引住敌人，再从敌侧翼迅速绕到他的背后。——巴顿

索里尼写了一封信，希望意大利不要站在德国一边。当时，意大利还没有正式对英国宣战。丘吉尔曾见过墨索里尼，他想用以往和墨索里尼个人的友情，说服意大利这个独裁者不要和德国搅在一起。当然，这种尝试失败了。墨索里尼拒绝了丘吉尔的意见，结果英国在地中海、北非和南欧又多了一个敌人。

后来，当丘吉尔得知墨索里尼及其情妇被意大利爱国者打死并被吊在米兰街头示众时，他说："这个狂妄自大的家伙，如果当年听了我的劝告，哪有今天的下场。"

丘吉尔并不气馁，他还是为联盟的建立奔波。其中，他下的工夫最大的是两个国家：美国与苏联。

当希特勒的空军对英伦三岛狂轰滥炸时，美国还没有参战。奉行孤立主义政策的美国人，还在大西洋彼岸享受着和平。尽管罗斯福总统有同情与支持遭受法西斯侵略国家的意愿，但是作为一名美国政治家，他不能不受国内政治思潮的束缚，所以并不想跳进欧洲战争的混水。

而丘吉尔对美国的政策是：力争把美国拖下战争之水。我们知道，丘吉尔是个混血儿，他母亲就是美国人。所以，他对以英语为母语的国家和民众的联合有着非常强烈的想法。然而，如何让美国给予战争支持，则充分显露出丘吉尔作为政治家的狡诈与手腕。他在向美国发表的一系列演说或谈判中，可以说是使出了浑身解数。

一是劝说。他认为，英国与美国是世界民主制度的典范，应该

联合起来共同对付法西斯极权政府。他对罗斯福说:“英美应该直面我们的职责,鼓起勇气,为不使世界坠入更加黑暗的世纪而努力。”

二是诱惑。他对美国人的演说充满了激情与对未来的展望。他说:“一旦希特勒纳粹政权的阴霾散去,伟大的美利坚民族为此所做的努力与贡献,将会铭记于世界所有正直与善良的人民心中。”

三是恐吓。在与美国人打交道的过程时,丘吉尔不时地提醒他们思考这样一个问题:如果英国战败,并把自己强大的海军交给了德国人,会出现什么样的后果。美国的和平还会有吗?美国人还会悠闲地欣赏世界上最美妙的音乐吗?

四是撒谎。尽管丘吉尔知道,以本国之力难以抗击德国人,但是他还是装出实力雄厚的样子,说英国完全有实力击败希特勒纳粹的进攻。用丘吉尔传记作者的话讲,在这里,显露出丘吉尔对大英帝国面子的维护。

五是装熊。有时,丘吉尔还装作一副非常虚弱的样子,恳求美国看在同一母语的份上,帮助英国一下吧。

丘吉尔就是这样凭借三寸不烂之舌,说服了罗斯福总统在没有参战的情况下,作出了“不参战,但要全力支援”的决策。于是,《中立法修正案》、《租借法》等政策相继出笼。

根据《租借法》,英国用基地换取美国的驱逐舰。而美国给予英国的一些驱逐舰根本无法使用。丘吉尔对此非常恼火,但却含而不露。为什么?因为,丘吉尔的目的是将美国拖下水,在他看来,美国提供给战争一方军事装备,这本身的意义就最重要。事实正是如此。美国政府颁布这两个法案后,使其向战争更加靠近了。而丘吉尔要的就是这个。

1941 年 8 月 9 日,丘吉尔和罗斯福在纽芬兰举行了阿金夏会如果认为应尽快地从地面上消除战争所遗留下来的痕迹，以免它们在活着的人的生活上投下阴影是正确的话，那就同样必须将我们英雄年代的面貌和精神传给子孙后代。——朱可夫

议。这是他们两个人首次见面。会后英美两国首脑签署了《大西洋宪章》，表明两国正式建立联盟关系。在这次会议上，丘吉尔首次建议，在打败希特勒后，应该建立一个有效的国际组织，以防止纳粹暴政的再次出现。这就是最早提出建立联合国的第一人。

除了与美国结盟外，另一个重要的国家就是苏联了。

丘吉尔是最仇视苏联共产主义制度的人。早在十月革命胜利之初，丘吉尔就声称要把苏维埃制度扼杀在摇篮中。当时作为英国军需大臣的丘吉尔的这一主张，直接促使帝国主义国家对苏联的武装干涉。

然而，此时的丘吉尔却提出一个观点：我像需要空气一样，需要德国与苏联开战！

不过，丘吉尔希望德苏开战，与张伯伦的绥靖政策不同。张伯伦是想通过绥靖政策，把德国这盆祸水引向苏联，目的是让德苏交战，两败俱伤。而丘吉尔则是希望德苏开战后，和苏联结盟共同对付希特勒纳粹政权。

所以，他指令情报部门密切关注德国对苏联的军事动向，并且通过各种渠道把德国对苏联的军事动向提供给苏联。

1941 年 6 月 21 日，是个周末。丘吉尔来到伦敦郊外。他在秘书的陪同下散步时，秘书科尔维尔问他："如果德国进攻苏联，你采取支持苏联的政策，是不是违背你从前的原则？"丘吉尔回答："一点儿也不违背。现在，我只有一个目标，这就是消灭希特勒，这

个目标使我的生活更单纯了。”散完步后，丘吉尔就工作了。深夜时，他准备睡觉。丘吉尔还有个习惯，他不允许任何人在上午8时前打扰他休息。

6月22日早上4点，英国外交部打来电话，报告苏联遭到了德国的入侵。秘书直到早上8点才把消息告诉给丘吉尔。丘吉尔听后，只说了一句话：“通知英国广播公司，我在今晚9点发表演说。”

当晚9点，丘吉尔准时发表了著名的演说。其中说：“在过去的25年中，没有一个人像我这样始终一贯地反对共产主义。我不想收回我说过的话。但是，这一切，在正在我们眼前展现的情景对照下，都已黯然失色了。在这一切头晕目眩的突然袭击背后，我看到那一小撮计划、组织和发动这种造成人类极大恐怖的恶棍。我们只有一个宗旨，一个唯一的、不可改变的目标。我们决心要毁灭希特勒，以及纳粹制度的一切痕迹。我们决不同希特勒或他的党羽谈判。根据上述理由，我们将要对俄国和俄国人民进行我们能够给予的一切援助。俄国的苦难，就是我们的苦难，也是美国的苦难。正如俄国人为保卫家乡而战的事业，是世界各地的自由人民和自由民族的事业一样。让我们吸取通过残酷的教训得来的经验吧。让我们加倍努力，只要一息尚存，力量还在，就齐心协力打击敌人吧！”

斯大林很快接收了丘吉尔递过来的联盟信号。1941年10月1日，英国、苏联与美国召开莫斯科会议，通过著名的《莫斯科宣言》，三国超越意识形态的分歧和社会制度的差异，捐弃前嫌，求同存异，为建立国际反法西斯联盟奠定了基础。

用重振大英帝国昔日辉煌的政治理念，认识国际社会战略力量消长，进而制定大英帝国的国家战略，是丘吉尔毕生的事业。从

纪律只有一种……这就是完善的纪律。假如你不执行和维护纪律,那就是潜在的杀人犯。——巴顿

这一点来看,丘吉尔真的是殚精竭虑了。当希特勒还没有完全被送入坟墓,纳粹德军仍在继续顽抗时,丘吉尔就把未来帝国的可能敌手瞄向了他在战争时期的同盟伙伴苏联。围绕着战后世界政治安排,他同样不遗余力地展开了与苏联、甚至和美国的明争暗斗。

丘吉尔果真是个富有远见的政治设计师。在战争尚未结束时,他就感觉到未来成为重振帝国昔日辉煌的阻碍的国家,不再是德国,而是苏联和美国。于是,他采取了一系列举措,企图制止这个现实的发生。

一、坚持他的"柔软下腹部"立场,在地中海开辟第二战场。"第二战场"是相对于苏德战场而言的。苏德战争爆发后,斯大林希望英美能够尽快在欧洲大陆开辟第二战场,以减轻苏德战场上苏军的压力。这一点,英国和美国并不反对。然而,在什么地方开辟第二战场,丘吉尔与斯大林的分歧却极大。斯大林要求在法国北部开辟第二战场,而丘吉尔却坚持在地中海开辟第二战场。丘吉尔的理由是:如果说德国是一只凶恶的鳄鱼的话,那么鳄鱼最要害的部位在它的柔软的下腹部,地中海就是德国的下腹部。丘吉尔之所以坚持在地中海地区开辟第二战场,是企图将苏联的影响阻挡在东欧以外,而自己占领巴尔干地区和整个中欧和西欧地区。如果从法国北部开辟第二战场,则形成苏联从东往西打,英国与美国从西往东打,最后出现与苏联平分欧洲的局面,这是丘吉

尔不愿意看到的。

在这个问题上，丘吉尔与斯大林各执一端，互不相让，差一点闹翻。最后，还是在罗斯福的劝说下，丘吉尔放弃了自己的主张。

二、提出“三脚凳”的联合国组织设计。第二次世界大战爆发后，罗斯福、斯大林都同意丘吉尔最早提出的建立一个能够使一切国家和民族“安居乐业”的国际组织的建议。这没有问题。然而，在建立一个什么样的国际组织上，却产生了分歧。丘吉尔的算盘打得精。他主张在联合国内设立欧洲、太平洋和美洲理事会，作为最高权力机构。这就是他所说的“三脚凳”计划。因为根据他的这一设想，英国将在欧洲和太平洋地区（在这些地区英国有许多殖民地）两个理事会占有绝对优势，而美国只是美洲国家，只能控制美洲理事会。苏联则一个理事会也控制不了。这样，丘吉尔就达到了“突出英国，联合美国和孤独苏联”的目的。

这个设计方案遭到美国与苏联的一致反对。罗斯福强调未来的联合国必须是在全球范围内组织起来，有效的决议必须要由几个强国作出。罗斯福提出了“四警察委员会”方案，即由美国、苏联、英国和中国组成联合国的最核心机构。

三、在如何处置德国问题上，丘吉尔提出有利于大英帝国的“三分法”。在分割德国问题上，英国与美国、苏联没有分歧，但是如何分割德国，英国却有自己的设想，即提出德国东部给苏联，西南部给美国，而西北部归英国。英国为什么要德国的西北部？因为这一地区是德国的主要工业区和港口。占有这一地区有利于英国战后经济的恢复。美国与苏联对此都反对。美国提出国际共管德国最重要的工业区之一鲁尔区。丘吉尔坚持不干。最后，还是美国答应给英国30亿美元贷款，丘吉尔这才答应了。

四、要求美国同意英国参加太平洋战争。第二次世界大战爆发前，英国在太平洋地区有许多殖民地，但在战争中相继被日本我们在原子武器和热核武器、导弹以及弹道火箭的改进道路上前进得愈远，就愈加清楚地表明了热战将是竞争者双方的彼此自杀。——蒙哥马利

占领。丘吉尔希望通过参加太平洋战争重返太平洋。但是，在战争中登上世界霸主地位的美国，要充任战后世界的领导者，不愿意英国分得一杯羹。

丘吉尔是一个战时治国的高手。他成功地挽救了大英帝国于即倒之时，避免了强大的德国陆军的登陆蹂躏。在这一过程中，他为维护日益衰败的大英帝国，真是处心积虑，尽到了一切努力。然而，当战争真的结束时，这位战时治国高手，面对和平时期的一切，竟然显得那么笨拙与无奈。于是，他很快被政治边缘化了。

战争终于结束了，尽管丘吉尔没有能力挽回衰败的帝国之命运，但是，他为他的国家安全确实尽了全力。然而，当和平到来时，这位善于谋划未来事情的政治家，却显得那般笨拙，他的许多想法都远远落后于新的格局。就连他最好的朋友罗斯福也说："丘吉尔每天都会产生100个想法，但其中只有4个是有用的。"第二次世界大战结束后，新的国际格局带给丘吉尔的是那么多的不适应。尽管他一度再次当选为英国的首相，但是，在新的国际形势下，他处理国家事务远远没有在第二次世界大战期间那样得心应手。

丘吉尔一生有三大嗜好：香槟、雪茄与快节奏的紧张生活。他贪酒到了每天早晨用红酒下早餐，一边坐在床上喝威士忌，一边办公；中午和晚上更是要喝许多香槟或威士忌。他通常一边喝烈性酒，一边和政要交换关于战争的看法。他烟瘾非常大，大到了一

天要吸8支大号雪茄，雪茄简直成了他的外部典型特征。这两项嗜好几乎伴随了他的一生。

然而，当他慢慢地游离于权力政治之外后，他失去了快节奏的紧张生活。他太贪恋权力了，贪恋权力到什么程度？曾经有人问晚年的丘吉尔："你最喜欢哪一年？"丘吉尔毫不犹豫地回答："1940年！永远是1940年！"因为，这一年他担任了英国首相，进入了英国权力的中枢。然而，一旦失去权力，他也就失去了快节奏的紧张生活。快节奏的紧张生活，一般来说是以透支生命为代价的，然而，丘吉尔则不然，他反倒是在失去快节奏的生活后，衰老得非常快。晚年，丘吉尔曾固执地让家人烧毁自己的一幅肖像画，谁劝也不行。原因非常简单：这幅肖像画画的是80岁时的丘吉尔。

丘吉尔的一生有对过去的梦想，也有对未来冷静与清晰的预见。他创造的新词有许多至今还在使用。比如：冷战（Cold War）、峰会（Summit Meeting）、特殊关系（Special Relationship）。

丘吉尔对自己的一生看得非常清楚，他是英国君主立宪以来51个首相中最有争议的一位，历史将会出现无数有关他的书，后人会对他的一生进行反复分析和质疑。他知道自己的行为给未来的世界留下的一些后果。因此，为了让世人真正认识自己，他抢在他人前面，写了自己的《回忆录》。

1965年初，年已91岁高龄并且得了老年抑郁症的丘吉尔突然病情恶化。1月9日，他突然拒绝他一生离不了的嗜好——酒与雪茄。1月24日，丘吉尔不幸逝世。

丘吉尔走了。他用自己的理念走完了他一生的政治之路。他用坚定与艺术挽救国家于狂澜；然而，同样的坚定与艺术却没有最终实现他的政治理念，大英帝国在世界权力中心的位置在他的

我觉得我是幸运的人。我以往的全部生活不过是为了这一时刻,为了承担这种考验而进行的一种准备罢了。——丘吉尔

时代被彻底终结。人们不会忘记他在战时治国的才能,也不会忘记他在战后和平时期的无奈。

第五章

富兰克林·罗斯福是一个政治家、实干家和军事领导人。我钦佩他。我极其信赖他正直、感人的品格和见识,我对他还有一种今天无法用语言表达的个人的尊重——我应该称它为情谊。他爱他的祖国,尊重它的宪法,和他判断变化不定的舆论倾向的能力,这些始终是有目共睹的。但是,此外还得加上他那颗跳动不已的宽宏大量的心,这颗心经常见到强国对弱国侵略和压迫的种种现象而愤怒,并采取行动。……在和平的日子里,他曾经扩大和稳定了美国的生活和团结的基础。在战争中,他把国家的实力、威力和荣誉提高到历史上任何国家所从未达到的程度。他用左手来领导得胜的盟军进入德国的心脏,又用右手在地球的另一边势如破竹地粉碎了日本的力量。如今这颗伟大的心永远停止了跳动。这的确是一个损失,人类一个痛苦的损失。

——[英]温斯顿·丘吉尔

意大利著名政治思想家马基雅维利曾有一句名言：一个君主应该具有双重性格——狮子一样的凶猛，狐狸一般的狡猾；而聪明的君主则知道，什么时候当狮子，什么时候当狐狸。曾经四次担任美国总统的富兰克林·罗斯福就是这样一个知道什么时候当狮子、什么时候当狐狸的政治家。在第二次世界大战时期，他娴熟地驾驭自己的双重性格，不仅赢得了战争的胜利，而且还锻造了一个霸权的美国。

具有双重性格的政治家
富兰克林·罗斯福

1950年，哈佛大学把罗斯福评价为美国历史上最杰出的三位总统之一，与林肯、华盛顿齐名。这位曾经创造了美国政治史奇迹的荷兰后裔的政治家，少年时代却不具备一切成为优秀政治家的条件。然而，他内心深处渴望“被尊重”的心理，却激活了他对政治的浓厚兴趣。在这种浓厚兴趣的支配下，在两个人的引领下，他走上了政治道路……

富兰克林·罗斯福出身于富有的企业家家庭。父母在给予富兰克林优越生活的同时，也给富兰克林的周围建立起一道厚厚的屏障——透明而坚硬。不喜欢政治的父母一直想把孩子培养成一个远离政治的真正的绅士。少年时代的富兰克林可以说不具备成为优秀政治家的一切条件。

从家庭环境上看，他的父母让其远离政治，母亲萨拉为了尽一切可能把儿子留在自己身边，竟然不让孩子受公立学校教育，而是一直请家庭教师教育童年的富兰克林。

从社会条件上讲，富兰克林也似乎不具备成为政治家的条件。他不像小他7岁的希特勒那样，15岁就成为孤儿，无人管束，不久就沦为流浪汉；他不像比他大3岁的斯大林那样，生活在一个透风漏雨的棚屋里，在一个充满民族仇恨与种族仇恨的国度里长大；他也不像小他1岁的墨索里尼那样，生活在一个以政治动乱著称的国家，并且11岁就被学校开除。他生活在一个以民主著称，社会相对稳定，家庭环境十分优越的国家里，他不必每天为生活而焦虑不安，不必到处漂泊，朝不保夕。他根本不懂得什么是家庭不和，什么是物质匮乏，什么是白眼相待……社会学家认为，当一个人处于动荡与不安、贫穷与饥饿中时，最容易产生对权力的追求。他们希望通过权力的追逐改变自己的生活状态。而这一切，富兰克林都没有。

是渴望"被尊重"使他走上了政治道路！

少年时代的富兰克林有两个最简单也是最重要的心理渴望：急切地渴望赢得同学们的尊重和赢得社会名流的尊重。在哈佛大学读书时，富兰克林非常喜欢参加各种团体，然而，当时有些团体不是你要参加，而是应邀参加。换言之，只有赢得同学尊重的人，应邀参加团体的概率才最大。为了能够满足自己的心理需求，富兰克林必须积极参加和热心于公共事务。而这一点就是他后来参与政治活动的土壤和种子。

而最先促发富兰克林对政治感兴趣的是西奥多·罗斯福。富兰克林和西奥多同是一个祖先尼古拉斯·罗斯福的后裔。尼古拉斯是从荷兰来到美洲的移民。他到美洲后，生了两个儿子：长子叫约翰尼斯，西奥多是他的五世孙；次子叫雅各布斯，富兰克林是他的六世孙。所以，西奥多是富兰克林的远房堂叔。西奥多比富兰克林大24岁，在政治生活中遥遥先于富兰克林。可以说，富兰克林是

靠恐惧维系和平并不比靠刀剑维系和平更崇高和更能持久。——罗斯福

听着西奥多政治生涯的传奇故事成长起来的。富兰克林在格罗顿学校读书时,西奥多是纽约州警察局长、纽约州州长。在美西战争中,西奥多率领一支志愿骑兵团在波多黎各与西班牙军队作战,赢得广泛赞誉,回国后,顺利竞选纽约州州长成功。这对于具有渴望赢得社会尊重心理的富兰克林产生了极大的诱惑力。特别是西奥多对富兰克林所说的,"一个人只做到行为端正是不够的,他必须机智和勇敢,才能赢得社会的尊重",一直成为富兰克林的座右铭。

或许是由于青年时代的富兰克林把西奥多作为心目中的英雄所致,引出了第二个影响富兰克林走上政治道路的人,这个人就是西奥多总统的亲侄女埃莉诺·罗斯福。

富兰克林是在1902年上大学三年级时在火车上认识的埃莉诺。尽管当时富兰克林还不知道埃莉诺是美国总统西奥多的侄女,但是他很快就爱上了这位身材修长的姑娘。但是,富兰克林的母亲萨拉却对儿子的婚事非常犹豫,因为她最希望儿子能经常陪伴她。1903年元旦,当埃莉诺的姑妈拜伊夫人看出她最钟爱的侄女爱上了富兰克林后,便邀请富兰克林和侄女一起到白宫喝茶。在这里,富兰克林又一次见到了西奥多。这时,他才知道埃莉诺是西奥多总统的亲侄女。于是,他更坚定地要娶这个姑娘为妻子。1905年3月17日,他们举行了婚礼。刚刚连任总统的西奥多亲自赶来参加了侄女的婚礼。

埃莉诺与富兰克林不同,她的童年动荡不安,充满了忧伤。她

8岁时，母亲去世；10岁时，她又失去了最崇拜的父亲，成为了一个孤儿。或许由于童年不幸的经历，埃莉诺性格坚强，并且极富同情心，乐于参加社会公益活动。后来，美国人称她为“穷人的保姆”，获得了非常高的声誉。1962年11月7日她去世时，美国前任总统杜鲁门、艾森豪威尔和现任总统肯尼迪均参加了她的葬礼，创美国政治史上之最。

埃莉诺积极鼓励丈夫参加政治活动。她认为，只有直接参与政治，才能更多地服务于民众。而这种思想与富兰克林渴望赢得公众与社会尊重的心理不谋而合。

在这两个人的影响下，年轻的富兰克林不再依从父母规定的道路，开始参与政治，一步一步地向其一生最辉煌的顶点登攀。

自从1814年美英战争结束后，独特的地理环境因素使美国享有天然的安全。这种安全感使美国人可以舒服地躺在孤立主义的温床上享受繁荣与优越。然而，到了20世纪30年代，这张温床受到了纳粹德国的挑战。作为美国最高决策者，罗斯福为了应对这个挑战，摆脱传统孤立主义的束缚，参与反法西斯的战争，其狐狸性格表现得是那样突出与优秀。他精心设计了一个陷阱，等待着猎物钻进来。

1932年，罗斯福以“新政”演说竞选成功，成为美国第32任总统。他推行的新政受到美国民众的广泛支持，使其连任成功。然而，在他任第二任总统期间，第二次世界大战爆发。受国内孤立主义的影响，美国开始并没有参战。直到1941年12月7日，日本人的飞机突然袭击美国太平洋舰队基地珍珠港后，美国才宣布对德国、日本等法西斯国家处于战争状态。

这样，就导出一个第二次世界大战谜一般的问题：日本人偷

演习像巨大的实验室试验一样，将检验计划、士兵、武器和装备的价值。——艾森豪威尔

袭珍珠港究竟是美国人绥靖政策导致的对日本野心估计不足所致，还是罗斯福所施的苦肉计？

传统的观点认为，珍珠港遭到日本偷袭的根本原因是第二次世界大战爆发后，美国奉行以"绥靖主义"为实质的中立政策。当时，对美国的民意调查显示，仅有10%的美国人主张立即参战。美国政府想如同第一次世界大战一样，再次坐山观虎斗，以逸待劳，待时机成熟后再参与角逐。结果导致对日本的侵略野心估计不足，以致战争一开始，就陷入极为不利的地位。

这种观点有着较强的生命力，一直是史学界分析珍珠港事件美军失利的主要原因。

然而，这个观点回避了两个最重要的基本史实。

一是二战爆发后，罗斯福政府先后通过两个重要法案，《中立法修正案》和《租借法》。前者是允许遭受法西斯侵略的英法等民主国家按"现款自运"原则，购买美国的军火等战争物资，这实质上是采取了偏袒英法的政策；后者是前者政策的继续，罗斯福政府在英国无力"现款自运"情况下，通过租借形式向英国提供战争援助。罗斯福形象地把这个法案比作向房子着火的邻居出借花园里的水管救火。

二是美国政府指示军方于1939年7月以后先后出台了5个"彩虹作战计划"，这5个作战计划，特别是第2、第3、第5号计划，体现了美国对日作战决策的基本内容。比如，全称为《美国陆海军联合作战基本计划》的第5号计划，规定了一旦太平洋战争爆发，美国

在太平洋战区的作战任务区分和目标。

对这两个基本史实的回避或忽视，很容易导致在美国没有直接参战的情况下，把美国政府的策略与战略加以混淆。因此，应该说，美国政府的中立政策不过是一个策略，而不是战略。

那么，既然罗斯福在第二次世界大战爆发后明显采取偏袒英法等被侵略国家的政策，声称美国要成为民主国家的兵工厂，那么为什么没有参战呢？这是由于美国外交政策的基石——孤立主义思潮，对美国战略决策起到举足轻重的影响。

美国历史上有一位总统，叫约翰·亚当斯，他有一句著名的孤立主义经典口号："美国用不着到国外去搜寻怪兽并将其消灭。"孤立主义思潮并不是要真的完全与世界隔绝，其实质是追求"让美国以最小的风险和成本参与世界事务"。这种思潮深刻影响着美国外交政策史。在当时，美国民众尽管对法西斯侵略表示反对，但是绝大多数人认为，如果战争不蔓延到美国，就不应该参战。

《圣经》上记载，耶稣曾对他的门徒说："要像毒蛇一样的机敏，像鸽子一样的善良。"剖析罗斯福的理想主义政治理念，倒很像接受了耶稣的这个布道。罗斯福是民主党人。美国民主党人更强调把世界分成黑白两个部分，即专制与民主。罗斯福反对专制政治，鼓吹民主制度。因此，在法西斯国家侵略猖獗的时候，他的政治理念要求他对被侵略国家采取了偏袒政策，并且这种理念的终极目标是直接参与反法西斯一方的作战。

于是，罗斯福一方面最大程度地帮助遭受侵略国家，一方面则寻找时机直接参与战争。这样，就出现了珍珠港事件发生的另一个解释：罗斯福在向美国人施"苦肉计"。

这个观点是最新资料的一种解释，论据有以下几个：

一是罗斯福事先知道了日本要偷袭珍珠港的情报。美国海军情报官劳伦斯·萨福德中校破译了日本联合舰队向珍珠港开进的

在进攻中，不论是在兵力、坦克还是弹药方面，你投入的力量越大，进攻越猛烈，你自己的损失比例就越小。——巴顿

详细情报，这份极有价值的情报由海军作战部长斯塔克中将送到了白宫，然而，罗斯福却只说了句：知道了！

二是罗斯福在得知这份情报后，密电海军太平洋舰队司令金梅尔海军中将，立即把航空母舰从珍珠港调到外海，照例进行训练，而其他舰船一律留在港内。

三是在金梅尔接到总统密电后，美军太平洋舰队通信参谋莱顿中校也破译了日军的密码，并将其送到金梅尔的办公室。而金梅尔却不屑一顾地把它扔在桌上，只是对莱顿说："军人最大的弱点是惊惶失措。这没有什么！你已尽到职责了，可以走了，但是，不要把这件事情告诉任何人。"

四是当斯塔克再次接到日本政府让驻美大使野村务必在华盛顿时间8日凌晨1时将最后通牒送达美国政府的情报后，心知肚明的他只说了句明天向总统汇报，然后就到国家剧院观看《学生王子》去了。

五是美国陆军情报局远东情报科科长布拉顿上校在12月7日早晨将侦知的日军将进攻东南亚的情报向陆军参谋长马歇尔汇报时，却找不到马歇尔。直到11时，才在阿林顿公园里找到正牵着一只白毛黑斑狗散步的马歇尔。马歇尔似乎事先知道一样，平静地继续散步。

这些论据说明，在当时，以罗斯福为首的美国高层，有极少数人事先就知道了日军将进攻珍珠港的情报，并且显得是那样胸有成竹。当这一切情报最终报告到罗斯福那里，他正在同他的助手

和好友霍普金斯交谈。他对霍普金斯说:“我料定我们的敌人不会永远不犯错误。如果日本人进攻我们,我将争取国会批准我参加这场战争。”

12月7日清晨7时55分,当日军飞临珍珠港上空扔下第一批炸弹时,下面整齐地排列着美军水面舰船和作战飞机。只有航空母舰没有在港内,而这是由于罗斯福总统的事先指令才这样的。

于是,近年来一些包括美国在内的西方学者以此为据,认为罗斯福是为了摆脱国内孤立主义思潮的束缚,以太平洋庞大舰队为诱饵所施的一个苦肉计。因为,只要美国遭受了侵略,政府就可以理所当然地参加反法西斯战争。

珍珠港事件使罗斯福彻底摆脱了孤立主义的束缚。事件发生后的当天晚上20时30分(华盛顿时间),罗斯福在秘书丽海狄的搀扶下,臂戴黑纱召开内阁会议,发布一系列应变措施。他走出白宫,向深夜里仍然聚集在白宫外面草坪上的无数民众说:“美国公民们,我向你们宣誓:我与我的同事,将尽全力把强加给国家头上的耻辱还给对方。上帝保佑美利坚!”

美国民众从罗斯福的这些举措里看到了这位身体残疾的总统是那样沉着、冷静与有力。他的老对手、共和党领袖查斯·麦克纳里听后,握着罗斯福的手说:“总统阁下,从现在起,我们的国家赶往一个政治假期。在这个政治假期里,我们在政治上的敌意消失了,我们只有一个政党,这就是美国的荣誉与尊严!”

12月8日中午,罗斯福走进国会大厦,向国会发表宣战演说。他说:“我有生以来, 第一次代表全体美国人民的思想在此讲话。由于美国在昨天——12月7日——这个遗臭万年的日子, 遭到了日本军队突然和蓄谋的进攻,为了保卫国家的安全,我要求国会自日军进攻时起,宣布国家与日本处于战争状态……”

他的演说赢得了热烈掌声。最后,参议院以82票对0票,众议为了取胜，总司令从一开始必须把军事机器牢牢地掌握在手中。只有这样，他的部队才能保持均衡和完整，从而发挥部队的战斗潜力。——蒙哥马利

院以388票对1票通过了宣战决议。

就这样，罗斯福终于可以放开手脚参加反法西斯战争了。

大战略，是国家对关于全局性重大问题的总体筹划与指导。它是国家最高决策者根据变化的国际形势和各种战略态势，从国家根本利益出发制定出来的，是国家在一定历史时期制定相应政策的基本依据。制定一个能够集中体现国家根本利益的大战略，反映着最高决策者的智慧与勇气。

罗斯福与希特勒没有见过面，但是这并不影响他们对对方政治理念的了解。

罗斯福与希特勒的各自经历、家庭出身与一切背景，简直是天地之差，云壤之别。罗斯福追求的是通过民主政治与美国价值观的感召力，影响世界。他反对法西斯侵略。在第二次世界大战爆发前，他曾呼吁希特勒答应不对他国进行侵略扩张。为此，他提出了一份31个国家的名单，其中有波兰、捷克等。

然而，罗斯福的呼吁却遭到希特勒的嘲笑与讥讽。希特勒在国会发表讲话说："罗斯福先生，我帮你问过你所开列名单上的31个国家，没有任何一个国家说他们受到德国的威胁。所以，我终于理解你为什么这样做：不过是仗着你们国家幅员广大、财力雄厚，想充当世界的老大。而我，亲爱的先生，却处于一个比你的国家小得多、也逊色得多的地方。"希特勒把他要发动的战争看作是一场

大规模的阶级斗争。他说:“美国是富国,我们是穷国。我们是两个阶级的根本对立。我永远不能与你的那个世界取得和解。我们德国可以击败世界上任何一个强国。”

罗斯福的呼吁得到的是嘲弄。这使得他越来越认为,希特勒在欧洲日益强大,对美国的国家根本利益威胁极大。当时,欧洲是美国资本和商品输出的主要阵地,是最重要的贸易伙伴,而与大西洋相连的美国东海岸,又是美国经济和金融的中心。

于是,罗斯福在美国没有参战前,甚至是在第二次世界大战还没有爆发时,就根据当时国际社会瞬息万变的局势,产生了将纳粹德国作为主要敌人的思想。

罗斯福是在1939年9月1日凌晨3时10分被白宫官员叫醒,得到德国进攻波兰的消息。由于时差原因,当时,德军已深入波兰领土,战斗非常激烈。罗斯福立即打电话把国务卿等人叫来,商讨对策。他说:“我们不能再看着欧洲遭到毁灭了。”

然而,当时美国孤立主义十分盛行,民情的主流是“同情而不介入”。罗斯福作为美国政治领袖,他不敢漠视民意而不顾。特别是那一年是罗斯福第二任期的第三年,他还想第三次竞选连任总统,而这是美国政治史上从来没有出现过的情况。别说漠视民意,即便是顺应民意,竞选连任也是极为困难的。当时,用美国学者的话说,罗斯福是国家这艘航船的船长,但是许多水手都争着要去掌舵,而把帆的海员又各有异心。

在这种国内态势下,如何将自己以希特勒为主要敌人的战略理念变成国家政策,对罗斯福是一个关键考验。

罗斯福的性格里的确有《圣经》里说的“蛇的机敏”,或者有资产阶级政治鼻祖、意大利人马基雅维利所说的君主应该具有的“狐狸一样狡猾”的素质,用他自己的话讲:“我现在重要的不是坚持自己的主张,而是首先用现有的事实引导民情朝着接近美国利

一个忠于职守的将官，必须出现在战斗前沿，否则，他就不能面对自己的部属，去命令他们干他们自己害怕干的事情。——巴顿

益所在的方向发展过去。”

罗斯福使出的第一招是：“不参战，但要全力支援”。

“不参战”，是尊重民意；“全力支援”是表明美国的利益要求。他利用美国民众对欧战被侵略国家的同情，竭力说服美国人认识到希特勒对美国利益的威胁，进而逐步接受他的战略理念。

第一步罗斯福成功了。美国在没有参战的情况下，先后出台了《中立法修正案》、《租借法》等法令，并且采取偏袒遭到德国侵略国家的政策。

1940年5月10日，希特勒发动了进攻西欧的战争。这时，也是罗斯福竞选连任的最关键时刻。在这一时刻，罗斯福表现出了对待危机的一贯素质：镇静、自信、警醒与热情。他成功地把欧洲发生的战争与美国安全联系在一起，说服了大多数美国人相信：如果不对希特勒暴政的受害者给予支援，法西斯暴政将成为未来的浪潮。

当时，放在罗斯福办公桌上有4个战略选择方案：一是美国将主要军事力量放在美洲，而在太平洋和大西洋实施战略防御；二是在英国与荷兰的支持下，在远东向日本实施进攻，而在大西洋实施防御；三是同时在太平洋和大西洋实施战略进攻；四是集中力量于大西洋和欧洲，而在太平洋和亚洲实施防御。

第一个方案最符合孤立主义政治理念，可以称之为“闭门自保”战略；第二个方案称之为“先亚后欧”战略，实施这一方案等于将日本作为主要敌人，而将希特勒放在次要地位；第三个方案称

之为“欧亚并重”战略，实施这一方案，会使美国陷于两线作战处境；第四方案称之为“先欧后亚”战略，实施这一方案等于把德国作为主要敌人，而在太平洋暂时实施防御。

罗斯福选择了第四套方案，因为这个方案最符合他一贯的战略理念，即以希特勒为主要的敌人，只要打败德国，才能最有效地维护美国国家根本利益。最后，在1941年举行的著名的ABC会议上（即美英会谈的英文缩写），罗斯福“先欧后亚”战略得以确定——先打败欧洲的德国与意大利法西斯国家，然后再解决远东和太平洋的问题。

然而，这一大战略很快遇上了严重挑战。“先欧后亚”战略敲定时，太平洋战争还没有爆发，反对的人有，但并不激烈。但是，当太平洋战争爆发后，珍珠港一战，使美国遭受了建国以来从来没有过的损失——整个一个太平洋舰队被歼灭在基地里，死伤了3000多人。这些数字犹如重磅炸弹，把美国民众的心态弄炸了。包括一些高级官员都要求把日本作为美国的主要敌人，他们抨击政府“先欧后亚”战略，指责罗斯福是想讨好英国佬。麦克阿瑟就直接说：“华盛顿的那群政客是在把国家利益作为廉价的商品拿到日本人面前去吆喝叫卖。”

美国《圣路易邮报》发表文章，抨击罗斯福的“先欧后亚”战略是在做“历史上所有不动产交易中最糟糕的一笔买卖”。

所有这一切指责，目的只有一个，就是要求政府放弃“先欧后亚”战略，而采取“先亚后欧”战略。

这是对罗斯福战略理念一次最大的挑战！但是，罗斯福战胜了挑战，说服那些主张“日本第一”的人们，执行国家大战略，在打败欧洲的轴心国集团后，再对付亚洲和太平洋的日本人。

“先欧后亚”是美国在第二次世界大战中始终坚持的指导战略。历史证明，这个战略为美国最终战胜法西斯国家提出了正确

出其不意是战争中克敌制胜的最关键的因素。——麦克阿瑟

的方向和目标。这一点是与罗斯福的决策分不开的。罗斯福能够在复杂的国际形势面前，审时度势，正确判断情况，最终作出一个正确的战略决策，表明了他的政治智慧。

有时，朋友关系要比敌人更难处理。国际关系最本质的因素是利益！即使面临共同的敌人，阵营内各国也都是怀着最大程度实现本国利益的企图，走近在一起。希特勒与他的盟友们发动的战争，最令人难以预料的是把原来看起来水火不相容的国家——苏联与西方民主国家拉在了一起。然而，他们的利益是不等的。苏联、美国与英国等大国都想借用这次战争，最大程度地实现自己的国家利益。团结—矛盾—冲突—团结……反法西斯国家这种合作曲线，在罗斯福头脑中一刻也没有停息。面对甚至比希特勒还让他头痛的朋友丘吉尔、斯大林，罗斯福狐狸的性格又一次发挥了作用。

第二次世界大战是历史上最大的联盟战争。这次战争一个最大的特点是：反法西斯国家联盟一方，他们战略行动的联合要比法西斯集团大。在战争中出现的欧洲战场、苏德战场、大西洋与北非战场、太平洋战场、印缅战场、中国战场上，反法西斯一方相互协调与配合要比法西斯集团好。因为，反法西斯一方有着共同的敌人，他们的战争目标是一致的。

但是，有共同的敌人并不等于说反法西斯一方没有矛盾。恰

恰相反，由于国家利益的不同，反法西斯各国不仅有矛盾，有时矛盾还非常尖锐。比如：在第二战场开辟问题上、在未来如何处置德国问题上、在苏联出兵对日作战问题上，等等，美国、苏联和英国的矛盾非常大。

有矛盾，怎么办？不能因为有矛盾，就负气而去，不对付共同的敌人了，甚至单方面与德国妥协。这一点，是各国的共识。

可是，反法西斯一方又不像中国春秋时期有什么盟主，也不像八国联军侵略中国时有什么总司令，有了矛盾，由盟主或总司令说话最后拍板敲定。

办法总比问题多！这个办法首先是罗斯福找到的。这就是：各国技术部门先谈起来，最高元首或首脑开会最后拍板定下来。

在第二次世界大战期间，反法西斯盟国召开的最高元首或首脑会议，称之为“三巨头会议”。这样的会议一共召开了三次。一次是1943年11月28日召开的德黑兰会议，一次是1945年2月召开的雅尔塔会议，第三次是7月召开的波茨坦会议。罗斯福总统参加了前两次会议。波茨坦会议由于罗斯福已因病去世，是杜鲁门总统参加的。

1943年，第二次世界大战的攻守格局已经发生了根本性转折，明眼人已经看出，轴心国侵略集团败局已定。无论是罗斯福、丘吉尔还是斯大林，都意识到安排战后世界事务的重要性和迫切性。由于美英社会制度和意识形态相同，利益分歧相对不大，在“三巨头会议”以前，罗斯福与丘吉尔至少会晤了三次以上，讨论了战后世界安排问题，但从没有和斯大林见过面。然而，罗斯福非常清楚，苏联已成为反法西斯战争的主力，在战后世界中也必定会起举足轻重的作用，任何有关战后世界安排问题，如果不与苏联协商，即便蓝图设计得再好，也无法成为现实。

而苏联和美英国家的矛盾很大。除了旧有的矛盾外，斯大林现代战争的胜利不仅决定于军事技术，而且还决定于国家的经济能力，决定于经济资源和人力资源动员的速度，因为已配置在前线的一切，都不能维持很长的时间。——蒙哥马利

对美英迟迟不开辟“第二战场”十分恼火。

1941年6月，苏德战争爆发后，在欧洲大陆，只有苏联军民在和德军作战。斯大林为了减轻自己面临的压力，一再要求美英两国尽快在法国北部开辟打击纳粹德国的“第二战场”。所以，“第二战场”是指在苏德战场以外的欧洲打击德军的战场。

对于斯大林的要求，美英答应得很快，但由于各种原因，却迟迟没有付诸实施。斯大林对此非常不满，认为美英是在有意拖延，目的在于让苏联单独顶在抗德第一线，以便苏联与德国两败俱伤，他们好在最后关头收拾残局。这反映出苏联对美英仍然抱有极度的不信任。

于是，在1943年夏天后，苏联与美英之间基本处于僵局了。

罗斯福认为，第一次世界大战后，西方最不明智的政策是把苏联排除在世界之外。这种做法必须终结。他相信自己有能力打破美英与苏联之间的僵局。只有这样，才能把他所设计的战后世界安排的蓝图变成现实。于是，他写信给斯大林，提出要和斯大林见见面。

斯大林也在寻找机会，使西方大国承认苏联强大起来的现实，并参与和西方大国对战后世界事务的安排。于是，同意见面。后来，罗斯福考虑到如果没有丘吉尔的参与，一些事情还是定不下来，又建议把丘吉尔拉进来。这样，就出现了第一次“三巨头会议”——德黑兰会议。

首次“三巨头会议”召开的地点究竟在哪里，三国还有一番争

论。美国提出在阿拉斯加的费尔班德斯；英国提出在苏格兰；苏联则提出在阿拉木罕。三国都要求在本土召开，借以提高自己国家的地位。说明三国都十分重视这次会议。他们争论了三个回合，最后斯大林提出在德黑兰举行。为了不以一般性的问题影响反法西斯战争和战后世界事务安排的大局，罗斯福作出了让步，并说服丘吉尔也同意苏联的建议。

1943年11月28日16时，罗斯福、丘吉尔、斯大林终于首次见面了。德黑兰会议召开。

这次会议主要讨论了四个问题，第一个是开辟第二战场问题；第二个是苏联出兵对日作战问题；第三个是如何处置德国问题；第四个是波兰边界划分问题。斯大林来开会的主要目的是开辟第二战场问题，所以这个问题是争论最大的。英国与苏联差一点闹翻了。

斯大林坚持要美英在1944年开辟欧洲第二战场。罗斯福理解苏联的立场，这没有问题。问题出在丘吉尔身上。丘吉尔认为，纳粹德国是一只鳄鱼，鳄鱼最薄弱的地方是其柔软的下腹部。要想战胜鳄鱼，最好的方法是打其柔软的下腹部，德国的下腹部就在地中海。所以，他坚持要从地中海采取军事行动。丘吉尔这个战略有一个隐深的目的，这就是如果从地中海进攻德国，将在战胜德国的同时，把苏联向欧洲扩张的势力挡在本土。

斯大林对丘吉尔的战略坚决反对，因为他的战略除了战胜德国外，就是扩大自己的势力范围，在一定限度内在邻国建立社会主义制度。于是，这两个人顶起牛来。

罗斯福见他们两个人弄得僵了。他见斯大林表情严肃，一点儿笑容也没有，心里着急，他想了一夜，决定以西方的幽默先缓和一下气氛。

第二天，他们三个人开会，一坐下来，罗斯福就开始拿丘吉尔

用火力牵住敌人的鼻子，并且在运动中把敌人打得屁滚尿流。——巴顿

说事。他随意说到英国人的生活习惯，不无赞扬地说英国人是头约翰牛，性情倔强，但干起活来，毫不逊色。接着，又说起了丘吉尔抽雪茄烟。说丘吉尔抽烟的表情是一个真正的男人，刚烈有力，就有一点不足，严肃得会让人误认为是在生闷气。其实，丘吉尔先生没有生闷气。

罗斯福说着说着，斯大林感兴趣了。可是，丘吉尔却涨红着脸，一声不响。他越这样，斯大林越觉得有意思，最后让罗斯福说得开怀大笑起来。会场气氛很快活跃起来。

罗斯福后来对人说："看到斯大林笑了，这是我三天来第一次看到了光明。"

接着，罗斯福和丘吉尔私下交换意见。他严肃地向丘吉尔指出了如果与苏联闹翻的后果，说服丘吉尔放弃他的地中海战略，尽快在欧洲大陆开辟第二战场。

最后，丘吉尔接受了罗斯福的意见。在次日的会议上，三巨头就第二战场开辟问题很快达成了一致意见，即在1944年5月以前，在欧洲大陆开辟第二战场。

雅尔塔会议是罗斯福参加的第二次、也是他最后一次参加的三巨头会议。当时，第二战场已经开辟，苏联军队实施十次大突击，已将部分德军赶出了国土。罗斯福考虑到结束战争和安排战后世界问题，再次提出召开第二次三巨头会议。

还是在会议地点上有争论。罗斯福提议在地中海某地开会，而斯大林推托自己已不知不觉开始衰老了，原来患感冒两三天就

好了，现在两周还头疼，医生已不让出远门了，他提议在苏联境内召开会议。实质上，斯大林并不是因为身体原因，而是认为，安排战后世界经济秩序的布雷顿森林会议和筹划建立联合国的敦巴顿橡树会议已经在美国境内开了，这次三巨头会议必须在自己的国家开，这表明苏联的国际地位。

最后，罗斯福还是同意了斯大林的要求。条件只有一个，就是希望会议在1945年2月举行。因为，罗斯福已决定继续参加竞选，争取第三次连任总统职位，成为美国历史上第一个连任四届的总统。斯大林在和罗斯福打交道的过程中，觉得他继续执政有力于苏联，所以理解罗斯福，也同意了开会的时间。

1945年2月4日，第二次三巨头会议在苏联境内的克里木半岛的雅尔塔举行。

这次会议同德黑兰会议相比，商讨的事情更多，也更具体，同时三方的利益冲突也更为明显。要胜利了，胜利后，各自的利益如何体现？都在争啊。所以，气氛要比德黑兰会议更为紧张。但是，最终还是敲定了四大问题。其中有：苏联、美国、英国和法国对战败后的德国实行分区占领；成立维护和平和安全的国际组织，联合国常任理事国拥有一票否决权；欧洲战场结束后，苏联对日宣战。

三巨头会议是第二次世界大战期间，反法西斯国家举行的最重要的会议，对巩固世界反法西斯联盟，最后战胜法西斯国家集团，起了巨大作用。而前两次三巨头会议，都是罗斯福提议召开的，并且为会议的顺利召开，达成有关协议，做了大量调解的工作。因此，罗斯福对第二次世界大战的胜利，的确做出了巨大贡献。

同时，作为一名美国政治家，罗斯福也通过三巨头会议为美国战后成为世界霸主设计出一幅蓝图，就是说，罗斯福是想通过

挥动武器的手臂必须是强有力的，指引武装的目光必须是明亮的，领导武力的意志必须是一往无前的。——罗斯福

“大国合作政策”，建立一个大国俱乐部，而由美国充当俱乐部的老板，然后去营造有利于美国的全球霸权秩序。因此，可以说，罗斯福虽然没有看到第二次世界大战胜利就去世了，但是他却给身后的继任者留下了一笔丰富的政治遗产——美国战后霸权秩序是由罗斯福设计起来的。

第二次世界大战带给人类最大的遗产之一是联合国这个集体安全机制的建立。然而，这个机制再一次地反映出罗斯福双重的政治性格：狐狸一样的狡猾——理想主义理念；狮子一样的凶猛——现实主义理念。他用理想主义理念搭建起了联合国代表大会，即国家不分大小，都有平等的发言权；他用现实主义理念搭建起了联合国最高权力机构——常任理事会，即大国说了算，一票否决。对于联合国的设计，成为罗斯福政治智慧的巅峰。

联合国是第二次世界大战后期，反法西斯国家建立起来的国际性组织，是一个维护和平与安全的机制。它正式成立于1945年10月24日。它的成立是与罗斯福分不开的。

当人类处于分散与相互闭塞状态下，彼此间的联系只是偶然发生的。在这种状态下，人类建立国际性的安全组织，既不可能，也没有必要。可是，从20世纪开始，国际社会日益变小，越来越向地球村发展，组建一个世界性的国际组织越来越成为人类社会历史发展的需要了。

第一次世界大战后，人类建立了第一个国际组织——国际联盟。随着第二次世界大战的爆发，这个组织解体了。

于是，建立一个新的国际组织的建议提出来了。这个世界性的国际组织，就是我们今天的联合国。

联合国的建立与罗斯福分不开，主要表现在以下几点：

一是罗斯福是成立联合国最热心的倡议者。从现在看到的资料，最早提出建立联合国这样一个国际组织的人是丘吉尔。早在美国参战之前的大西洋会议上，丘吉尔就对罗斯福说，应该建立一个能够使一切国家和民族“安居乐业”的国际组织。当时美国还没有参战，罗斯福不好直接表态，但是，表示对这个问题非常感兴趣。

美国参战后，罗斯福成为建立联合国这样一个国际组织最热心的鼓吹者了。他多次在和丘吉尔与斯大林的会谈中讨论过这个问题。他说：“看来，建立一个世界性的安全组织，对于避免再次出现纳粹暴政、维护和平是非常必要的。”他强调：“这个组织不能重蹈国际联盟的覆辙，它必须是强有力的，足以制止各种侵略。”罗斯福还为这样一个国际安全组织起了一个名字，叫联合国。这个名字是罗斯福从英国诗人拜伦的一首诗《蔡尔德·哈罗德游记》里挑选出来的。

二是设计了联合国的基本框架。美英苏都同意建立联合国，但是建立一个什么样的联合国却有分歧。英国主张在联合国内设立欧洲、太平洋和美洲理事会，联合国依靠这三个理事会来支撑。丘吉尔把这叫做“三脚凳”。丘吉尔的算盘打得精，如果这样，那么，英国在欧洲和太平洋地区（在这一地区英国有殖民地）两个理事会就占有优势。而美国只是美洲国家，只能控制美洲理事会。苏联则控制不了任何一个理事会。这样，就能达到“突出英国，联合美国，孤立苏联”的目的。

我在许多方面并不聪明，但我知道我具备一种才能，那就是施行集体灌输的能力。——巴顿

罗斯福担心英国利用地区性组织构筑自己的势力范围，把美国从世界重要成员边缘化出去。于是，他坚决反对丘吉尔的主张，强调未来的联合国必须是在全球范围内组织起来，可以设区域理事会，但是，联合国最高机构必须有力，有效的决议必须要由几个强国做出，任何一个大国，都拥有否决权。

斯大林也看出丘吉尔的意图，也竭力反对。斯大林同意罗斯福的主张，提出第二次世界大战的大国必须在这一组织内占有绝对优势地位。

在德黑兰会议上，罗斯福详细地向丘吉尔和斯大林介绍了他对于联合国的设想。他提出的蓝图是：未来联合国组织由三个层次的机构组成。最低一级为全体大会，由所有成员国组成，每个国家都有平等的发表意见的权力；

中间一个层次是执行委员会（也就是现在的安理会）。由美国、苏联、英国和中国参加，再加上几大洲的国家代表，共十余个国家组成。这个机构可以处理除军事以外的一切问题，如就业、卫生等问题。

最高一级是由美国、苏联、英国和中国组成的“四警察委员会”，这是联合国最核心机构，有权快速处理任何对和平的威胁，以及任何突发事件。“四警察”就是罗斯福的原话。这一机构，后来就成为现在的常任理事国。

罗斯福在世时，在美国华盛顿郊外的敦巴顿橡树园召开了筹建联合国的正式会议，起草了《联合国宪章》。这个宪章的基本精

神是依据罗斯福的设想制定的。

罗斯福是一个理想主义与现实主义结合的美国政治家。他对联合国的设计，充分显示了他的这一政治理念。比如，在联合国全体大会中，无论是几亿人口的大国，还是几万人口的小国，发言一律平等，这是理想主义；但在核心机构，如安理会，则表现出权力政治的作用，大国拥有否决权，这是现实主义。所以，有的学者说：联合国是罗斯福理想主义创造世界秩序绞尽脑汁的产物，是罗斯福现实主义促进国家利益费尽心力的发明。

三是对中国进入联合国最高权力机构的推动作用。中国是联合国的发起国之一。但是，这一过程却并不顺利。阻力来自斯大林。1941年10月，美国、苏联和英国的外长在莫斯科开会，会议通过了一个宣言，叫《关于安全的宣言》。这个宣言是最早在正式会议上提出建立联合国的开始。美国国务卿赫尔提出把中国也作为这一宣言的发起国。苏联外长莫洛托夫不同意，他说，中国不是会议的参加国，不能作为宣言的发起国。美苏在这个问题上争论非常厉害。最后，赫尔说："如果把中国排除在发起国以外，我们这次会议宁可不达成任何协议。"苏联见美国这样表态，只能妥协。因为，当时苏德战争刚刚爆发，苏军接连失利，他们急需美国人的援助，不想在这个问题上与美国闹翻。最后，苏联同意把中国地位问题放在以后讨论。

德黑兰会议上，罗斯福直接向斯大林提出把中国列进未来的联合国"四警察委员会"。斯大林这次是有备而来。他料定罗斯福要提中国地位问题，于是，他提出了一个反建议，这个方案很周密，但是，就是不让中国进入世界警察委员会。他说："中国军队仗打得不好，战后也不会非常强大，让中国进入警察委员会，不符合大国绝对优势原则。"

罗斯福坚持自己的意见。他对斯大林说："让中国参加警察委

如果我们以为我们敌人军队的投降就会造成我们渴望的和平,我们就是自己哄骗自己。——罗斯福

员会,并不是没有认识到中国很弱。但是,要看到更远的将来。中国是一个有四亿人口的国家,把他们当成朋友,总比当作一个潜在的麻烦来源要好。"最后,斯大林只得接受了罗斯福的意见。

罗斯福为什么要坚持让中国参加"联合国四警察委员会"呢?因为,这时的罗斯福考虑的是战后世界事务的安排问题,他要通过"大国合作原则"在战后建立美国的霸主地位。那么,他需要在亚洲地区寻找一个帮手,而处于东亚文化圈中心的中国是最理想的选择。

但是,不管罗斯福让中国进入警察委员会的目的如何,中国却由此成为联合国的发起国之一,为后来中国在国际事务上发挥重要的作用奠定了基础。

一般来说,对手都是自己的异己,甚至是心腹大患,必欲去之而后快。然而,罗斯福则不然。在第二次世界大战中,他面对的对手不只是希特勒、墨索里尼、东条英机之流,从国家利益上讲,还有自称为"大英帝国遗产守护人"的丘吉尔、声称"把红旗插到全球"的斯大林。面对这些对手,罗斯福反而觉得这是自己的一种造化,是上帝赐予自己的礼物。因为,这些强劲的对手使得他时刻激发起更为旺盛的斗志与精神。对手越强,自己的舞台越大。罗斯福沿着这个逻辑走着。当然,他更有对付对手的本事,即他知道什么时候当狐狸,什么时候当狮子。

第六章

任何一支军队的士气都直接反映出它的军官的素质。没有高昂的士气，一个军队就不能以高姿态去完成任务。士气是一种心理状态，它可以使士兵们为了他们的军官，为了完成一切任务贡献一切而不惜代价。跟随有素质的统帅，士兵们会因为“他希望这样”而去厮杀。用恐吓的方法也可能使士兵完成任务，但那种情况下，一个部下将做到过关为止。在军队里，统帅可以“命令”一个人的时间，但是不可能“命令”他们的忠诚与热情。驾驭军队的艺术就在这一点。而这一切，艾森豪威尔做得是那样尽善尽美。

——[美]小埃德加·普里尔

从前，他从来没有担任过任何一级的指挥官，然而，当历史选择他担任最大规模盟军统帅后，却指挥得有声有色，有板有眼；从前，他是一位名不见经传的参谋军官，然而，一旦历史需要，他竟让所有资历超过他的高级将领赞叹有加……

善于发挥他人长处的美国五星上将
德怀特·艾森豪威尔

在美国历史上，艾森豪威尔是充满戏剧性的人物，他可以说是创造了美军历史上几个“第一”：

美军历史上，共授予10名五星上将，艾森豪威尔晋升得第一快，他从上校到五星上将仅仅用了4年时间，而潘兴从准将到五星上将用了13年；马歇尔从上校到五星上将用了20年；麦克阿瑟从上校到五星上将用了16年；布莱德雷从上校到五星上将用了9年；阿诺德从准将到五星上将用了12年；欧内斯特·金从上校到五星上将用了19年；切斯特·尼米兹从海军上校到海军五星上将用了18年；威廉·哈尔西从海军上校到五星上将用了16年；威廉·莱希从海军上校到海军五星上将用了27年的时间。

在10位五星上将里，艾森豪威尔的前途第一大，他是惟一一个当上总统的五星上将；

在10位五星上将里，艾森豪威尔出身第一穷，艾森豪威尔出生时，他的父母除了日常穿的衣服和一些简单的日用品外，一无所有；

艾森豪威尔是美军中统帅最大战役行动的第一人，在他之前，在他之后，没有任何一名美军统帅指挥过几百万人规模以上的作战行动；

艾森豪威尔是第一个担任北约军事统帅司令的人；

艾森豪威尔是美国退役高级将领当上哥伦比亚大学校长第一人。

这位传奇人物没有像巴顿、麦克阿瑟那样当过师长，亲身经历大小恶战无数，逐渐成为一名统帅，而是从一个没有实战经验的领率机关的参谋，一下子担任盟军的统帅，然而统率得是那样好；

这位传奇人物当上统帅后，他许多部下的资历都超过他，然而，他却使得即使是他原来的上级，也不得不佩服他的智慧与能力；

这位传奇人物，不仅在军事领域干得有声有色，而且在外交战线，也将自己的才干发挥得淋漓尽致，使得最让美国人头疼的丘吉尔也承认他是英国最好的朋友。

总之，艾森豪威尔的经历非常奇特，甚至奇特得让人匪夷所思。可是，偏偏这一切都在他身上发生了。

奇特之人必有奇特之处，而人的奇特之处尚需识才之人识之。这正应了中国古语：千里马要有伯乐识。艾森豪威尔之所以能够创造上述美军“第一”，是由于有人能识其奇特之才能——一个成功者除了自身的素质外，一个重要因素还要有遇上发现其其才能的伯乐的幸运。

◆1◆ 艾森豪威尔是怎样当上统帅的

提起艾森豪威尔当上统帅，必须从马歇尔讲起。因为是马歇尔起用了艾森豪威尔。

只要全世界还没有懂得用竞争的武力来最后裁决人类的各种问题是毫无用处的，那么1914年和1939年的两次教训依然有效。——艾森豪威尔

马歇尔在美陆军五星上将里，名列第二，仅次于潘兴，在第二次世界大战时，他担任陆军参谋长，这个职务负责陆军的军政和军令权力，当然对陆军高级军官的人事提名也具有全权。由于罗斯福总统非常信任他，因此，只要马歇尔提名晋升的军官，罗斯福总统均会批准。

马歇尔这个人最大的特点是能够"知人善任"。他随身有一个黑皮笔记本，记录着他耳闻目睹的一些有才华和培养前途的军官的名字和表现，并且有自己的评语。比如，他对巴顿的评语是：此人能带领部队赴汤蹈火；要用一根绳子紧紧地套住他的脖子；一有装甲部队，就交给他指挥。评语真是入木三分！

只要上了马歇尔的黑色笔记本，就很有可能晋升为更高一级的军官。艾森豪威尔就上了马歇尔的黑色笔记本。

然而，马歇尔用人选将也有自己的标准。据艾森豪威尔在自己的回忆录里说，马歇尔用人的原则是：

一是坚决不用跑官要官的人。即使有人某某人说好话或施加压力，也不行。马歇尔对帮助给人说情要官的人通常的回答是："如果他是你的朋友，你对他的最大帮助就是不要在我面前提他的名字。"

二是不用文过饰非、邀功推过的人。他认为高级军官必须在他们的职权范围内用自己的结论去思考和行动，遇有责任就推卸的人，不可能胜任给他的职务。

三是不用事必躬亲的人。因为在他看来，这种人习惯埋头于

琐碎小事,没有能力处理战争中更重大的问题。

四是慎用性格粗暴的人。他认为这种人通常把坚定有力和蛮不讲理混为一谈。

五是不用悲观主义者。因为这种人往往把困难说得非常可怕,并且特别害怕用已经掌握的方法去克服这些困难。

六是不用不团结的人。他认为,战争不是一个人的事业,不善于团结的人很难将战争的协奏曲演奏好。

艾森豪威尔的个性就非常符合马歇尔的用人标准。

马歇尔是通过几件事最后敲定艾森豪威尔担任盟军统帅的。

第一件事是1941年夏天，艾森豪威尔担任第3集团军参谋长期间制定了一个大规模的演习计划。这次演习最突出的特点是后勤协调得好,后勤保障及时有力。这个问题在当时是一个大难题。马歇尔看了演习后认为,后勤保障牵涉面极广,能协调得如此好,得益于事先计划的周密。这是艾森豪威尔第一次上了马歇尔的黑色笔记本。

第二件事是太平洋战争爆发后,艾森豪威尔被调到陆军部工作的第一天发生的事情。由于艾森豪威尔曾经在麦克阿瑟将军办公室工作过6年,对菲律宾防务非常了解,和麦克阿瑟本人的关系也非常好,因此调他到陆军部作战计划处负责远东事务。1941年12月10日,艾森豪威尔向马歇尔报到。马歇尔用20分钟向他说明工作调动的原因,然后问他:“我们在远东太平洋的行动方针应该是什么？”

如果艾森豪威尔当时就回答是什么什么的话,那么很可能不会有后来我们认识的艾森豪威尔了。因为,马歇尔比较讨厌对重大问题脱口而出的行为，认为这种不加考虑就给出答案的做法，投机的成分非常大。

在到达最后的目标之前，绝不允许部队挖壕固守；到达了最后目标，就要挖战壕，架设铁丝网，埋地雷。——巴顿

然而，艾森豪威尔却想了片刻，冷静地回答："将军，让我考虑几个小时后再回答您的问题好吗？"

马歇尔满意地看着艾森豪威尔，只说了一个字："好！"因此，他的黑色笔记本上，艾森豪威尔的名字下面又多了一行字：此人完全胜任准将军衔！

第三件事是在决策美国究竟是"先欧后亚"，还是"先亚后欧"，还是"欧亚并重"战略问题时，艾森豪威尔的表现。

太平洋战争爆发后，美国上下多数都认为应该以太平洋地区为战略重点，先打败日本人，再对付希特勒。然而，罗斯福和马歇尔则从大战略上考虑，必须实行"先欧后亚"战略，就是说要把美国主要力量先放在欧洲，而不能将美国武装力量化整为零地用于太平洋地区。于是，1942年4月7日，马歇尔先到英国访问，和英国人达成一项联合作战的草案。回来后，他没有对任何人透露草案的内容。只是命令艾森豪威尔飞往英国做一次实地考察，并对在英国设立美军指挥部、处理日后日益增大的兵力等问题提出建议。10天后，艾森豪威尔回国。6月8日，他完成了一份《给欧洲战区指挥将领的指令》报告。在这份报告里，艾森豪威尔详细提出美军赴欧洲作战各军兵种统一指挥问题。

艾森豪威尔在菲律宾服役6年之久，对日本人进攻太平洋应该说是最具有仇恨的了，从这一点说，他应该是最主张坚持"先亚后欧"战略的人。然而，艾森豪威尔却在并不知详情的前提下，不仅坚决主张"先欧后亚"战略，而且制定出一份非常好的美国赴欧

作战统一指挥的报告建议。马歇尔认为，艾森豪威尔不是一个参谋人才，而是一个卓越的统帅。于是，在艾森豪威尔向他汇报这个报告，并提醒马歇尔在发出这个报告前再仔细阅读一下，看是否出现某些错误或不当时，马歇尔回答："我当然要再阅读的。但是，你也许是执行这个文件的人。如果是这样的话，你打算什么时间离开华盛顿？"

这就等于说，未来在欧洲作战的美军将由艾森豪威尔来统帅，而当时，他还只是一名新晋升的少将。不仅艾森豪威尔想不到，整个美军，整个美国都想不到。因为，艾森豪威尔这个名字对于他们太陌生了。可是，这一切偏偏发生了。

马歇尔在给罗斯福的提名报告里，是这样解释的：**艾森豪威尔不仅具有军事方面的学识和组织方面的才能，而且还善于使别人接受他的观点，善于调节不同意见，使人感到心情舒畅，并真心地信赖他。而这些品德与长处又恰恰是我们驻欧洲部队统帅所必须具备的素质。**

就这样，艾森豪威尔超越了366名高级将领，就是说，在他前面还有366名比他资历老的高级将领，成为美国历史上继潘兴后第二任远征欧洲的统帅。6月24日，艾森豪威尔离别妻儿飞赴伦敦，走马上任了。

如果没有马歇尔，就不会有后来我们见到的艾森豪威尔。然而，如果艾森豪威尔不具备统帅的个性，马歇尔即使看到、甚至对他非常熟悉，也不会把他选定为盟军最高统帅。因为，战争充满着风险，来不得半点虚假。艾森豪威尔具备优秀统帅的个性，我们可以从艾森豪威尔用真诚解决联盟作战最棘手的盟军间矛盾问题，看到他这方面的品性，因为真诚是优秀领导者最突出的特征之一。

无论我获取什么军衔，我一定要成为同级军官中最好的一个。——马歇尔

◆2◆ 他在担任盟军统帅时，如何协调盟军间的矛盾

第二次世界大战是全世界反法西斯力量共同的胜利。反法西斯力量在军事行动上的统一作战，对于推进这场战争的进程，最终战胜法西斯国家起到了极为重要的作用。因此，这场战争也是一场联盟战争。

联盟战争不像其他战争，盟军之间能否在统一指挥下协同行动意义十分重大。如果说只指挥本国的军队作战，那要容易得多。但是，联盟作战是由一个国家的统帅在相应形式（如当事国最高元首间的协定等）授权下，指挥多国军队进行作战，这个难度就大多了。

因为，各国军队有各自的指挥机构，有各自的决策方式，有各自习惯的作战样式，并且受到民族心理、语言文化等方面因素的影响，各盟国间的军队往往会产生误解与分歧。有些美国军人抱有救世主的思想，带着“我又要来欧洲为你们作战”的态度，行为上表露出不尊重英国人；有的英国人由于看到本国的年轻女性对报酬好的美国军人的青睐，而对美国军人产生非善意的感觉。这些都会加深分歧与误解。而这些分歧与误解，如果处理不好，就会影响盟军间的协同作战。

然而，这一切，艾森豪威尔都设法做到了，而且做的是那样完美，即使是让他最为头疼的几个高级将领也不得不承认：“艾克是

一个优秀的指挥，没有他，就没有一台完美的交响乐。”

为了解决美军官兵与英国民众间的隔阂，艾森豪威尔采取一系列措施加强美国军人与英国军民的沟通。

他安排美国军人到英国受到德军轰炸破坏最严重的地区去参观，让美国军人亲身体验一下英国民众在没有冰箱、没有中央供暖设备甚至没有汽车的条件下，怎样以极少量的食物生活（配给制），却没有抱怨。美军第442步兵团上尉乔治·许埃特在给华盛顿的妻子贝蒂·鲁的信里说：“亲爱的，你简直太棒了，为我生了一个儿子。从今天起，我有了儿子，成为了国王。可是，我喜悦的心情让今天下午参观伦敦被德国人轰炸的街区搞坏了。一个女人没有你那么幸运，她在生产时，遭到德国人的轰炸，她不是被医生用手术刀取出她的孩子，而是德国人用炸弹的弹片划开了她的肚皮，胎儿和这个母亲都死了。这副惨景我一生难忘。每一个人都会哭泣。为了我们的儿子，我应该在这里战斗，用我的刀划开德国人的肚皮。替我吻吻我们的儿子。”

艾森豪威尔推出的沟通举措还有许多。比如，他在军中的《星条旗报》开辟“人民对人民”的专栏，经常发表英国人好客和勇敢的评论文章；他时常鼓励美国高级将领到英国民众间发表讲话，告知他们前线的战况，增强英国民众的必胜信心；他欢迎英国人邀请美军官兵到自己的家里做客等等。

对美军军官与英国军官发生的矛盾，他处理时十分注意不要伤害英国人的民族感情。在北非作战期间，美军第2集团军巴顿部下与英国军官发生了对骂，两个人把状告到了他那里。艾森豪威尔先与两个人说了几句话，然后让英国军官出去。他关上门，对美军军官严厉地斥责道：“你叫谁狗杂种都没有关系，但是我绝不允许你叫美国狗杂种和英国狗杂种。可是你却这样叫了。为此，我准备把你送回国，乘坐一艘慢船回国，并且没有人护送你。”

我们必须警戒我们的侧翼，但不能舍此而无所其他作为。——巴顿

艾森豪威尔还把这件事情的处理结果通报全军，以示警告。艾森豪威尔这句“叫谁狗杂种都没有关系，但绝不准说某人是美国狗杂种或者是英国狗杂种”，也很快成为美英军队中流行的幽默语言。

联盟作战的指挥权问题是一个非常敏感的话题。

一般来说，将军都希望自己指挥其他盟国的军队。而其他盟国的军队也希望在指挥问题上有所主动。如果这个问题处理不好，盟军间的关系会搞得非常僵。艾森豪威尔非常注意这个问题，该用英国军官时，一定将指挥权交出去。1943年初，在北非的突尼斯战役中，艾森豪威尔就把参战的美军交给英国人指挥。当时，负责地面作战的是英国的亚历山大将军。对此，美国军官认为，艾森豪威尔是在犯一个“不可饶恕的”错误。他们提醒艾森豪威尔说：第一次世界大战时，潘兴将军一直拒绝把美军与协约国的军队合并。

艾森豪威尔正色对这些人说：“可是你们忘记了潘兴将军当时对法国元帅福煦说的话：‘我们的每一个人、每一支枪和每一件东西都归您使用，只要您认为恰当就行。’在战场上，只要能战胜敌人，其他并不重要。”他说：“这件事不要再不负责任地议论了，如果有错，我甘愿承受后来的一切批评。”

实践证明，艾森豪威尔在北非战场把美军交给英军指挥是对的。英国人一直想在地中海地区集中主要力量打败德国人，而美国则坚决主张在欧洲大陆开辟第二战场打败德国人。艾森豪威尔

在北非战场对英国人让一步，却为后来在欧洲开辟第二战场时赢得了英国人的配合。这就是一个大战略家的眼光。

当然，尽力搞好与盟国军队的关系，并不等于无原则的牵就。从下面这个例子可以看出艾森豪威尔是如何处理这类问题的。

1944年6月，盟军实施诺曼底登陆战役成功，正向法国纵深发展进攻。然而这时，英国仍难以忘怀他们的地中海战区，丘吉尔首相提出要将准备在法国南部登陆的盟军调往地中海战区，他对艾森豪威尔说："如果不能这样做，我将向国王辞去首相职务。"

艾森豪威尔坚持原来的作战计划，坚决反对从欧洲大陆抽调兵力。

他和丘吉尔会谈多次，最后终于说服丘吉尔放弃自己的决定。据艾森豪威尔的秘书记载，在最后一次会谈中，丘吉尔流了泪，一边抱怨艾森豪威尔不接受他的意见，一边同意继续在欧洲大陆集中兵力作战。

该和，则和；和时，保证不娇纵。该斗，则斗；斗时，保持斗而不破。艾森豪威尔艺术地处理好联盟作战中的诸多关系，使得这位资历远远低于其他高级将领的人，成为一名杰出的统帅，一位美国历史上从来没有指挥过如此众多兵力的五星上将。英国名将蒙哥马利在评论艾森豪威尔时说："他是一位了不起的最高统帅——一位军事政治家。我认为，没有其他人能用他的方式把盟国军队组合成这样一部能征善战的机器，并且在许多冲突和干扰的成分之间保持平衡，这些成分不时地威胁着这艘航船。"

中国古代《诗经》有云："百川入海，有容乃大。"千万条河流之所以能够流入大海，是因为大海有兼收并蓄的宽大胸怀。一个成功的军事统帅，要想把千军万马集合在自己的麾下作战，就要像不能消灭侵略和不能进行有效的合作，就意味着完全像20世纪30年代那样产生希特勒、墨索里尼和裕仁的独裁专横行动。
——艾森豪威尔

大海一样能够容纳百川，容纳军中各种有用之才，容忍军中各种难容之事。艾森豪威尔把宽容作为一种胸怀，同时这种胸怀产生的作用，也成为一种谋略，使他的部下在关键的时刻为其去拼死，成就了他一番血与火的事业。

◆3◆ 艾森豪威尔与他的将军们

“宽宏大量，性格开朗”，这句评语不是别人说的，而是巴顿对艾森豪威尔的评价。这句评价很准确，恰恰反映了艾森豪威尔的个性。

作为一个资历较浅的统帅，艾森豪威尔是在1942年7月7日晋升为中将军衔的。而且这个军衔是临时的，就是说，如果他不担任驻欧盟军统帅，他将回到其正式军衔上校那里去。而他所指挥的军官许多人的军衔远远高于艾森豪威尔，如北非战区盟军副司令英国的亚历山大是上将、空军司令特德也是上将。论资历有的军官也在艾森豪威尔之上，如，英国的蒙哥马利在旅长、师长岗位上都干过，作战经验非常丰富，巴顿不仅当过师长与军长，而且还是美国装甲兵的创始人，作战勇猛顽强，早在军中声名显赫。

然而，艾森豪威尔却使无论是军衔还是资历高于他的人，都能像一架大机器中的镙丝钉一样，发挥着自己的作用。那么艾森豪威尔有什么绝招，能够让这些人甘当镙丝钉？概括起来就是两个词：**宽容与机智。**

先看看艾森豪威尔的宽容。举蒙哥马利的例子。

蒙哥马利是英国的一员虎将，在北非战场上，他竟然打败了大名鼎鼎的德国名将隆美尔，一时间声名显赫，英国宣传机器将其称为“战神”。既然是“神”，就有点神气了。蒙哥马利也认为自己气度不凡，应该负有、也能够担当起更大的使命。于是，他开始同艾森豪威尔“叫板”，他认为最适合盟军统帅的人，不是别人，而是他自己。英国许多将军也私下议论，蒙哥马利应该成为美英军的统帅。后来，蒙哥马利在作战中经常对艾森豪威尔表现出轻蔑的态度。对此，美军中许多人都看不下去。布莱德雷对艾森豪威尔说：“如果你把指挥权交给蒙哥马利，那么你就立即将我送回国，因为在他手下干，我没有胜利的信心。”当时，在一旁的巴顿也跟了一句话：“伙计，如果你不干，我也将与你一起离开。”艾森豪威尔笑着对他们说：“没关系，我会有办法处理好的，谢谢！”

他有什么办法？其实，他的办法最简单，也最难做，这就是容忍！在蒙哥马利与自己争夺统帅权的问题上，艾森豪威尔能够做的就是：大肚能容，能容他人难容之事！

要他看来，联盟作战贵在团结，有团结，就有信心，既然能够在一条战线作战，就有共同点，这就是战胜德国人。因此，艾森豪威尔非常注意保护蒙哥马利，不让这员虎将的作战积极性受到损害。比如，在诺曼底登陆战役中，蒙哥马利是地面部队最高指挥官，连布莱德雷都要听命于他。但是，按照规定，一旦登陆成功，盟军在陆地建立起行动基地后，蒙哥马利应该立即将指挥权交还给艾森豪威尔，而且艾森豪威尔应该是公开宣布收回指挥权。然而，艾森豪威尔担心蒙哥马利会因此自尊心受到伤害，所以一直没有公开宣布，只是暗地里接过指挥权。后来蒙哥马利借阿登战役初盟军失利的事情，再次抱怨：正是把地面作战的指挥权交了出去，才导致这样的情况发生。这句话意味着：如果让我指挥，就不会发

胜利是没有其它代替品的。——麦克阿瑟

生这样的事情了。

这件事在美军中引起强烈反感。美国在阿登作战中伤亡最大,现在英国人又在说风凉话,他们能不生气?

可是艾森豪威尔却用宽容与度量处理得十分艺术,简直是踏雪无痕!他只是召开了一次记者招待会,在会上先是赞扬了蒙哥马利的作战,然后非常低调地说:“整个作战行动的内容太多,不是一位战场指挥官都能处理得了的,我并没有从蒙哥马利那里收回全部指挥权,因为指挥大权一直是最高统帅手里的。”这句话其实是“绵里藏针”地回敬了蒙哥马利一下:指挥权一直在我手里,你知道吗?

艾森豪威尔的宽容弄得蒙哥马利一点儿脾气也没有了。后来,蒙哥马利写信给艾森豪威尔承认自己的过错,他说:“我并不认为我是一个温顺的部下;我喜欢我行我素。但是,您总是在困难和风云变幻的时刻使我没有发生越轨行动,您的英明引导和宽厚的容忍,对我教育极大。万分地感谢你!”

作为一名盟军最高统帅,艾森豪威尔有一个衡量他是否成功的尺度,这就是他能否尽量少地使盟军卷入争论。而艾森豪威尔做到了这一点。

再看看艾森豪威尔的机智。

什么是机智?机智是一种能出色地处理意外事件的能力。由于战争充满了不确定性和偶然性,因此机智对于从事战争职业的人越发显得重要。机智是与果断分不开的。克劳塞维茨说:要想不断地战胜意外事件，必须具有两种特性：**一是在这种茫茫的黑暗中仍能发出内在的微光以照亮真理的智力；二是敢于随这种微光前进的勇气。前者在法语中被形象地称为眼力，后者就是果断。**

对于一个军官、特别是高级军官，机智就是大智慧。我们从艾森豪威尔处理和巴顿的关系上看看他的机智。

巴顿是属于马歇尔黑色笔记本中慎用的那种人。可是，他的资历要比艾森豪威尔老，也能打仗。巴顿有个特点，脾气倔强，但是，如果对他说几句好话，他大概就要先找一个指南针了。他怕人家捧他。

艾森豪威尔就是摸到巴顿这个特点，使这个倔强的老头经常为他排忧解难。举一个战例说明这个问题。

1944年12月16日凌晨，德军为了挽回败局，粉碎西线盟军的进攻计划，发动了代号“守卫莱茵河”的反攻作战。这就是历史上著名的“阿登战役”。25万德军在名将龙德施泰特的统帅下，进攻十分凶猛。

这一天，艾森豪威尔正在凡尔赛宫附近的一座教堂里参加婚礼。新郎是他的传令兵米基·麦基奥中士，新娘是陆军服务队帕里·哈格里夫下士。美军第12集团军群司令布莱德雷也在场。美国人根本没有料到德国人会发动这般规模的进攻。那天是个雪天，天空飘着洁白的雪花。尽管是在战争时期，但当时没有人会把教堂里响起的《婚礼进行曲》与这次死伤81000人的进攻炮火联系在一起。所以，当艾森豪威尔的参谋长史密斯少将推门进来，悄悄地报告“德军在比利时突破了我们的防线”后，艾森豪威尔的第一个反应是：“战争进行到此时，突破防线的应该是我们，而不是德国人！”可是，事实是德军已突破了米德尔顿少将的美军第8军的防线，正在向西北迂回进攻，企图将第12集团军群合围。

美军事前的情报没有报告阿登山区当面有如此大规模的德

绝不要放弃阵地。守住阵地比夺回阵地的代价要小。——巴顿

军。面对突如其来的进攻,艾森豪威尔很快镇静下来,他明白德军决不是在进行一次瞎打乱攻,而是在进行目的十分明确的反攻。

他要堵住第8军当面被撕裂的缺口。他必须堵住这个缺口!

从战场态势看,德军的进攻已在第8军当面形成了一个突出部。艾森豪威尔决定从南北两翼夹击这个突出部,这样,进攻中的德军将遭受两翼打击,甚至被合围。为此,需要使用装甲部队。当时,在第8军左翼有考特尼·霍奇斯第9集团军的第7装甲师,在第8军右翼有巴顿指挥的第3集团军的第10装甲师。艾森豪威尔准备让这两个师援助第8军,攻打洛希姆突出部。可是,巴顿正准备按预定作战计划在萨尔发起进攻,他需要这个装甲师。布莱德雷提醒艾森豪威尔,巴顿不会同意把他的师加强给第8军。然而,艾森豪威尔坚决地说:"告诉他,不是他,而是我在指挥这场该死的战争!"

巴顿果然不肯,他直截了当地对布莱德雷说:"是你的失误,而不是我,才使我们面临如此糟糕的局面!现在,你又想让我的部队拉到北面救你。"巴顿原是布莱德雷的上级,现在却成为布莱德雷的下级,他本来就不服气,借机大发牢骚。

艾森豪威尔听说后,立即让巴顿飞抵卢森堡,当面说服巴顿:"你的行动关系到整个战局,如果让我选择,我也会交出这个师。"艾森豪威尔见巴顿还是不表态,突然对巴顿说:"乔治,还记得去年在北非突尼斯卡塞琳隘口战役吗?"

巴顿说:“当然！你刚刚晋升为四星上将,就遭受到了德国人的进攻。”

艾森豪威尔微笑着说:“好记性。那次,是你的奋战才击退了隆美尔的进攻。真滑稽,两天前我刚刚接到晋升我为五星上将的命令,却又碰上德国人的进攻。”

巴顿笑了，回敬一句说:“这次是不是还要我为你的将星保驾?”

艾森豪威尔诚恳地说:“准确！为什么不再这样做呢？再保一驾吧！”

巴顿握住艾森豪威尔伸过来的手,同意把他的第10装甲师加强给第8军。

艾森豪威尔就这样智慧地处理了突发事件和令人头疼的部属,为粉碎德军阿登反扑奠定了基础。

战后,艾森豪威尔接替马歇尔担任陆军参谋长,后来退役担任哥伦比亚大学校长。1950年恢复军职,担任北约盟军首任总司令。1953年,当选为美国第34届总统,1956年连任成功。1961年离开白宫。1969年3月28日,艾森豪威尔因心脏病突发,不幸去世,终年79岁。4月2日,在他的故乡阿比城下葬时,宣布了他的临终遗言,遗言中最后说:“我始终爱我的夫人！我始终爱我的儿子！我始终爱我的孙子！我始终爱我的祖国！”

艾森豪威尔去了,作为军人,他尽到了战胜对手的职责;作为政治家,他的名字和冷战政策连在一起。他的功过是非,民众心中自有看法,但是作为第二次世界大战的一员名将,人们永远怀念他！

艾森豪威尔的成功，并不是他的指挥艺术有多么得高超,在这方面,他前面可以排列一批赫赫有名的将军。他的成功,是在于

我们惟一应当恐惧的就是恐惧本身。——罗斯福

他个人的品质提升。歌德说得好："几何以直线为最近，修身以公正为最好。"艾森豪威尔的成功说明，个人的品质提升是领导者成功的一把钥匙。

第七章

朱可夫是我的麦克米伦，和麦克米伦一样，他总是要求多给些人，多给些枪炮，还多给些飞机。他总觉得不够。但是他从来没有打过败仗。

——[苏]斯大林

有一天，肯定会有另一种勋章，那将是朱可夫勋章。这种勋章将为每一个勇敢、坚忍，有眼光和决心的军人所珍视。

——[美]德怀特·艾森豪威尔

“心智决定视野，视野决定格局，格局决定命运，命运决定未来”，这是当代世界著名思想家、一代管理学宗师彼得·德鲁克一生的最佳写照。德鲁克关于管理科学的许多睿智的思想，启迪着众多企业家，引领他们走上成功之路。在军事领域，名将之所以是名将，也同企业界一样，正在于他们对军队管理的有效性。如果做不到“卓有成效”，就谈不上什么辉煌的战绩。苏联就有这样一位名将，他毕生都注重“成效”，使自己成为一名极少打败仗的常胜将军。

卓有成效的军队管理者格奥尔吉·康斯坦丁诺维奇·朱可夫

一个人的一生，要同许许多多的人打交道，但总有几个人对其一生影响巨大；一个人的一生，会遇到许多事情，但总有几件事情成为其一生的转折点；一个人的一生，总是会做许多事情，但是，总有几件事情，成就了其一生的辉煌。

◆1◆ 伏龙芝改变了他的一生

格奥尔基·康斯坦丁诺维奇·朱可夫生于1896年11月19日。他家里非常穷。穷成什么样？朱可夫在回忆录中说：“我出生的房子坐落在村子中心，房屋破旧，一角已深深地陷进地里，墙壁长满了青苔，房顶长着野草。全家就一间房，有两扇窗户。”

这所房子住着一个寡妇，无儿无女。后来，这个寡妇要了一个两岁的男孩。这个男孩就是朱可夫的父亲。

朱可夫的父亲8岁时，养母就去世了。为了生活，朱可夫的父亲给一个鞋匠当学徒。朱可夫出生后，家庭生活更加困难。他母亲为了减轻家庭负担，春夏秋季到地里干农活，冬季则到城里打零工，一天只赚一卢布左右。朱可夫回忆说：“这点钱太少了，甚至还没有要饭的讨得多。”

或许太希望改变家庭的命运，朱可夫的父母认为，之所以穷就是没有文化，所以，他们在经常饿着肚子的情况下，省出点钱把朱可夫送到了学校读书。

朱可夫读书很用功。每天在帮母亲干完活后，就忙着看书做功课。尽管朱可夫读书非常好，可是家庭生活状况并没有改变，仍然是那样穷。不过，日子是穷也要过，富也要过。贫困的朱可夫为了生计，到莫斯科打工赚钱糊口。就在这时，他认识了房东的女儿玛丽亚，两人相爱了，甚至准备谈婚论嫁了。可是，沙皇颁布法令，凡是1896年出生的男子必须从军打仗。这时，第一次世界大战已爆发一年了。

这样，1915年8月7日，朱可夫应征入伍，当了一名骑兵。在战争中，朱可夫获得了两枚军功章。

十月革命爆发后，俄国退出了第一次世界大战，朱可夫回到了家乡。1918年8月，他响应新政权的号召，参加了苏联红军，在莫斯科骑兵第1师第4团当兵。这个师的师长就是苏联大名鼎鼎的英雄塞米扬·布琼尼。

但是，朱可夫真正走上了军事辉煌道路还是得益于伏龙芝的军事改革。伏龙芝是苏联最著名的军事家和卓越的统帅。他最高职务担任过苏联革命军事委员会主席和陆海军人民委员，相当于苏联军委主席和陆海军总司令。这个人去世得早，1925年10月31日因病去世，只活了40岁。然而，伏龙芝临去世前领导的苏联第一次军事变革却给了朱可夫长期在军队工作的机会，进而奠定了他我多年的实践证明，哪里上级军官对下级指挥人员不信任，哪里上级军官老是监护着下级指挥人员，哪里就永远培养不出真正的下级指挥人员，因而也不会有好的分队。——朱可夫

成为一代名将的基础。

朱可夫是在1919年6月第一次见到伏龙芝的。

当时，他所在的师正在伏龙芝的指挥下，在乌拉尔斯克抗击哥萨克骑兵。有一天，伏龙芝要去看望增援而来的大名鼎鼎的传奇英雄夏伯阳的第25师，路过朱可夫的连队，走到战士们中间和大家聊天。朱可夫立即被伏龙芝的人格魅力所折服。这样一位名将，却是那样的平易近人。朱可夫后来说，这一次会面使他终身难忘。然而，他没有想到，自己一生的辉煌竟同伏龙芝分不开。

法国大思想家伏尔泰有一句名言："统率的权力，不再是一种像天赋那样为天然遗传下来的特权；这是劳动的果实，是用勇敢换来的。"

朱可夫这个人打仗非常勇敢，不怕死。1921年春天，他在坦波夫省与安东诺夫白匪军的作战中，身为第2骑兵连连长的朱可夫率领部队与敌人2000多人的骑兵遭遇，可是朱可夫毫不畏惧，连续坚守7小时，6次与敌人白刃格斗，最终击溃了敌人。

100多人抗击十多倍敌人的进攻，竟然不仅守住了阵地，而且还击败了敌人，这在当时立即成为轰动全军的新闻。苏联革命军事委员会颁布嘉奖令，授予朱可夫红旗勋章。

勋章有了，朱可夫也同时受到苏军高层领导的注意：当时在高加索作战的斯大林、在坦波夫省作战的苏联名将（后来成为苏联元帅）图哈切夫斯基都关注着这个年轻的连长。而伏龙芝更是注意到了朱可夫。于是，朱可夫很快从连长被提升为团长。

1924年，苏联国内战争结束。伏龙芝借着和平的机会，开始了苏军第一次军事改革。当时，军事改革最重要的举措就是用在战争时期的优秀青年军官取代保守军官。1924年底，苏军从550万人裁减到了56万余人。而朱可夫就是留下来的其中之一。

留下来的优秀青年军官干什么？上学深造！当时，苏军军官入学深造必须要高级将领提名。据说，朱可夫上学深造是由伏龙芝亲自提名的。于是，1924年底，朱可夫第一次来到列宁格勒，进入高级骑兵学校读书。

这批入校的学生几乎个个是精英。在朱可夫所在班的花名册上可以找出第二次世界大战期间苏军许多高级将领的名字：苏联元帅巴格拉米扬、苏联元帅罗科索夫斯基、苏联元帅叶廖缅科等等。

伏龙芝的军事改革就这样把朱可夫送上了军事生涯辉煌的起点。从那以后，到苏德战争爆发，朱可夫仅用10余年的时间，就从骑兵旅长一直升到苏联副国防人民委员兼总参谋长。

要做到卓有成效，仅靠天资聪明和渊博的知识还不够。因为，有时卓有成效并不需要特殊的天赋、出众的才能或专门的培训。要做到卓有成效，更重要的是去亲自实践那些看起来相当简单的事情，并从这种实践中，养成追求成效的一种习惯。

◆2◆ 勇于应对挑战，以亲身的行动改变周围的状况

第一次世界大战后，德国有一个著名的将军名叫塞克特，这个人提出了“小型军队”建设思想。这个思想的核心是建立一支精而不是多的军队。这个思想很快引起一个人的注意。这个人就是大名鼎鼎的苏联元帅图哈切夫斯基。图哈切夫斯基是苏联革命军

如果你们在平时多流出一品脱汗水，那么战时你们就会少流一加仑鲜血。——巴顿

事委员会主席，副国防人民委员兼军训部部长，是苏军著名的军事家和军事理论家。1937年，他被错杀。

图哈切夫斯基十分注重根据未来战争特点建设军队，他敏锐地从塞克特的建军思想中发现最精髓的部分——质量建军。于是决定在苏军建立坦克部队。在斯大林的支持下，他选定在布琼尼指挥的骑兵部队进行机械化改革，先建立两个坦克团。当时，朱可夫就在这个部队第39团当团长。这次改革具有试验性质，苏军十分重视，要求坦克团的团长必须是最出色的军官。朱可夫在首选军官名单之中。最后，图哈切夫斯基把名单呈报给斯大林。斯大林打开名单，一看到朱可夫的名字，就想到几年前发生的坦波夫省的战斗。于是，毫不犹豫地在朱可夫的名字下勾了一下。于是，由斯大林签署的一纸任命，使朱可夫成为苏军最早坦克部队的奠基人。

坦克部队初创时期，全军都盯着它，朱可夫深感肩上担子有多重。然而，朱可夫有办法把压力变成绩效。这个办法归纳一下是：**勤跑路，讲养成，常示范。**

勤跑路：

朱可夫很少待在司令部机关，总是跑到下面连队查看，发现问题，及时解决。坦克是一部复杂的装备，坦克部队又是刚刚建立起来，这对于善于骑马作战的官兵来说，难度很大。训练中，坦克部队的作战、后勤保障和装备保养等方面都出现过不少问题。许多官兵都觉得不如回到骑兵部队。一次，朱可夫在一个连队视察

时，发现几个士兵坐在一辆坦克旁边聊天。这是训练时间，朱可夫感觉有问题，于是上前问为什么在这里聊天？士兵回答："坦克发动不起来了，我们没有办法。"朱可夫没有说话，他叫来机械师，让士兵们看着机械师修坦克。当坦克修好后，朱可夫对士兵们说："如果你们不会，我们教给你，如果你们不想学，我们就强迫你学！总之，你们要成为一名优秀的坦克手！"

这句话很快成为全团的训练管理理念。朱可夫说："军官只有走到士兵中间，才能发现在司令部中发现不了的问题，并且解决好这些问题。

讲养成：

朱可夫认为武器装备越复杂，就越要搞好养成教育，否则一个极小的疏忽，就可能给复杂的装备带来极大的问题，最后影响作战效能。朱可夫这个人火气不大，很少有人看到过他发脾气或者暴跳如雷。他治军靠的是制度，而不是责骂。

为了搞好养成，他在权限范围内制定了一系列的严格制度，比如，任何官兵进入车库、停车场、修理车间必须身穿工作服或作训服；离开这些地方，必须换下工作服或作训服；训练回来，必须立即洗刷车辆；全团官兵必须把皮鞋擦得锃光瓦亮。如果有人违反规定，并且批评无效，他会毫不犹豫地交给军事法院处理。

一次，一个坦克连训练回来已是零时，士兵们很累，连长把坦克开到车场后，对车场值班军官说："大家很累了，坦克只是大致洗刷了一下，我们明天再洗干净吧。"值班军官犹豫了一下，知道这违反规定，但是也同情士兵的辛苦，于是就同意了。

连长带着士兵回去睡觉了。可是还有一个人没有睡，这就是朱可夫。朱可夫在一个小时后来到车场，发现了这个问题，叫来值班军官说："乐意帮助同志是件非常好的品质，但是你瞧，你不是帮助他们，恰恰相反，你不执行规定，反而促使他们违反了军纪军

漠不关心、冷若冰霜的将军永远无法激励他的士兵奋勇作战。——马歇尔

令。大家疲劳,我也知道。但是,他们应征入伍,就是要使他们受到训练,能够适应未来战争的艰辛与严峻考验。现在演习的疲劳与战时我们将要遇上的困难相比,只不过是娃娃们的游戏罢了。你将因此受到党的审查。”

然后,朱可夫把那个连长和连所在营的营长叫来,命令他们立即清洗坦克。两个小时后,坦克清洗完了。朱可夫让士兵回去睡觉,而把连长和营长留下来,严厉地批评道:“这次你留给我的印象是,你当连长还不够成熟。下次你再这样干,就不会这样便宜了。我警告你!”

常示范:

朱可夫治军强调军官自身的榜样作用。有一次,朱可夫检查军容风纪。全团只有一个士兵的皮靴没有擦亮。他问值班军官:“你有什么感想?”那个值班军官没有回答朱可夫的问话,而是大声斥责那个士兵为什么不把皮靴擦亮。朱可夫马上打断他的话说:“我问的是你,而不是他。我不想听他的回答,而是要听听你对这件事的感想。”值班军官面色紧张,张口结舌,说不出话来。朱可夫缓了口气说:“在这种情况下,最重要的问题不是靴子没有擦干净,而是你对这件事情不重视。他可能是忘记擦靴子了。可是,你应当在士兵们出勤前就要求他们擦好靴子。事情糟糕就糟糕在除了团长以外,全团显然没有别人能够帮助他擦擦靴子。”

说完,他让人拿来一只凳子和擦鞋的工具,让那个士兵把一只脚放在凳子上,开始擦靴子。很快,靴子擦亮了。朱可夫站起来,

把鞋刷递给那个士兵，让他擦另外一只靴子，说："擦好后，你和值班军官一起到团部来。我来检查。"

这件事在全团引起不小的轰动，从此没有人敢违反军纪，全团官兵都十分重视养成问题，自觉用条令规范自己的行动。

这样，全团逐步建立起井井有条的秩序，全团官兵对朱可夫并不惧怕，但是都感觉得到他存在的力量。他们依赖他，却又往往意识不到是在依赖他。

工夫不负有心人，很快朱可夫把他的这个坦克试验团训练成为全军军政素质最过硬的团，全军没有不知道这个团的。苏军报纸开始大量报道朱可夫的事迹，赞扬他对党、国家和人民的忠诚。

聪明的冒险是人类行为中值得赞誉的部分。惟有聪明的冒险，才是真正的勇敢。如果一位军人能够记住古希腊哲学家柏拉图的话："知道什么应该害怕，什么不应该害怕，这才叫勇敢。"那么，当历史将其推到那个时刻，他往往成为改写历史的人。

◆3◆ 他在诺门坎战役中改写了历史

在日本帝国主义扩张战略中，原来有两个战略选择：一个是北进战略，即将苏联作为主要假想敌，向北进攻西伯利亚；另一个是南进战略，即以美国、英国为主要假想敌，向南进攻南洋群岛。日本陆军主张采取北进战略，巩固和扩大在中国的侵略利益，向北进攻苏联的西伯利亚。而日本海军主张采取南进战略，以中国为根据地，向南进攻南洋群岛。究竟采取哪一种战略，关系到日本军事力量的重点放在什么方向的问题。日本陆海军争得非常厉害。

1936年8月7日，日本最高决策层决定采取"南北并进"战略。

如果我们让胜利的光辉照得我们看不到战士训练工作中暴露出来的缺点，我们就不是布尔什维克了。这些缺点是我们训练方法中贯穿的墨守陈规的作风造成的。——朱可夫

根据这个方案，陆军军备以实施北进战略为目标，准备同苏联作战；海军军备以南进战略为目标，准备同美国作战。

这个战略是个折衷方案。尽管南北并进了，但是北进战略仍然强势，日本并没有动摇北进的企图。然而，在1939年后，日军却放弃了南北并进的战略，采取了南进战略。

这是怎么回事？这要从诺门坎事件说起。

原来，一直主张北进战略的日本陆军，积极准备对苏联的进攻。1939年，中国的抗日战争进入相持阶段。为了试探苏军的实力，为日后进攻西伯利亚做好各种准备，日本陆军认为可以在中国东北集中兵力与苏联作“武力侦察”式作战，于是，挑起了诺门坎事件。诺门坎位于中国内蒙古与蒙古交界地区，隔哈拉欣河与蒙古相望。苏联把这个事件称之为“哈拉欣河事件”。1939年5月12日，日本关东军第23师师长小松原道太郎中将，向驻守在这一带的苏军第57特别军发起攻击。后来，日本关东军第6集团军也投入了作战。

诺门坎事件开始时，苏军第57特别军军长名叫费克连科，这个人是在苏联国内大清洗后当的军长，缺乏作战经验，而且怕死。当日军发起进攻后，他还在远离战场120公里外的地方指挥，对战场情况几乎完全不了解。所以，战役初期，苏军接连失利。

斯大林接到报告后，敏锐地觉察到日本的意图是在试探苏军的实力，为其日后进攻苏联做准备。他认为，必须坚决粉碎日军的进攻，否则后患无穷。于是，他决定派出一个能征善战的人到那里

去指挥。这个人就是朱可夫。

当时，朱可夫正担任白俄罗斯军区副司令。斯大林之所以选择他，就是因为朱可夫在中国战场考察过日军作战，对日军有所了解。

朱可夫是在6月5日到达战场的。他严厉责备了费克连科为什么把指挥部设在距离战场120公里以外，然后几乎马不停蹄地赶往前线，视察部队。他根据最新情报认为，必须向这一地区增派部队，并决定使用航空兵配合下的装甲作战。

斯大林满足了朱可夫的要求，连续向前线增派了57000人，542门火炮，498辆坦克，385辆装甲车和515架飞机。斯大林给朱可夫只有一句话：在尽可能短的时间内击溃入侵的日军，但行动不超过蒙古人民共和国边界！

7月2日，日军趁苏军增援部队还没有到达战场的机会，向苏军和蒙古军队发起进攻。

当时，双方的兵力对比是：日军有38000人，苏蒙联军只有12541人，日军占有绝对优势。然而，朱可夫沉着组织积极防御作战。苏军人少，但是坦克和装甲车却多于日军。朱可夫指挥坦克和装甲车部队连续实施反击和反冲击，不断杀伤、疲惫和消耗敌人的有生力量。日军伤亡惨重。

小松原道太郎原来担任过驻苏武官，应该说对苏军作战样式有所了解，特别是苏军一度取消了装甲部队，使他记忆犹新。他没有想到苏军的装甲车部队竟然能如此深藏不露，打他个措手不及。他对眼下这个名叫朱可夫的对手了解得太少了。日本人没有想到他们的一个师可以打败中国国民党十余万人的军队，但是却在兵力优于苏军的情况下，被打得如此狼狈。

于是，日本开始大规模地向诺门坎地区增兵。为此，专门组建了第6集团军，实施诺门坎作战。司令官是荻州立兵中将。这时，日

集团军司令为完成任务不惜采用任何必要手段，而他的任务中几乎百分之八十就是鼓舞士气。——巴顿

军累计增援达75000人，并准备在8月24日向苏军发起更大的进攻。这时，朱可夫却悄悄做好了反攻的准备。他使用的战法是：发挥机械化部队的优势，诸兵种联合作战！

为了迷惑敌人，朱可夫实施反攻前成功地进行了战役欺骗。比如，为了达到坦克攻击的突然性，他将几辆坦克卸去了消音器，然后沿前沿阵地不断地来回行驶，以此让日军对苏军的坦克调动习以为常；为了隐蔽反攻企图，朱可夫把几部功率强大的音响装置搬到前沿，模仿打桩机的声音，逼真地造成大规模修筑防御工事的假象，让日军误以为苏军不是想反攻，而是在实施防御。

这一切战役欺骗都取得了成功。日军没有料到苏军真的发动了反攻。日军的噩梦来了！

8月20日5时45分，朱可夫指挥苏蒙联军向当面日军发起强大的反攻。150架轰炸机、几百门火炮向日军前沿阵地、纵深内炮兵阵地、部队集结地域实施猛烈的轰炸和炮击。睡梦中的日军非死即伤，侥幸活命者也被眼前这一切惊呆了。一个名叫小谷的日军上士记录了当时的情景：

炮弹遮天盖地地落在我们的前前后后，真可怕！观察哨想尽一切办法找寻敌人的炮兵阵地，但都失败了。因为敌人的轰炸机在轰炸，歼击机在扫射。敌人全线获胜！

当航空兵火力和炮兵火力准备达到目的后，朱可夫下令全线实施进攻。日军狼狈溃逃。

作战中，朱可夫展露了他严厉果断的指挥风格。他曾在半天

的时间里,在一个师撤换了两个师长。事情是这样的:

当苏军向纵深进攻时,朱可夫命令步兵第36师攻打日军一个阵地。这个阵地关系到整个战役的成败,日军抵抗得十分顽强。苏军的这个师伤亡增大,师长发现再次进攻有困难,于是打电话给朱可夫请求暂缓进攻。朱可夫命令他再次进攻。过了一会儿,朱可夫打电话问这个师长,是否继续进攻了。那个师长说,部队伤亡大,一时还无法向前推进。

朱可夫听了,对那位师长说:“现在,我只问你一句话,你还能不能发起攻击?”

那位师长回答:“有困难!”

朱可夫立即说:“好,我现在解除你的师长职务,让参谋长接电话!”

参谋长接过电话后,朱可夫问:“你能否继续进攻,完成任务?”

参谋长说:“没有问题,司令员同志!”

朱可夫说:“那好,从现在起,你就是这个师的师长了!”

可是,这位新的师长还是没有组织起新的进攻。朱可夫还没有听完对方诉说困难的电话,就打断道:“从现在起,你不再是师长,等候新师长的到来!”

他转过身,在自己的司令部里找到一名上校军官,向他明确了任务,并把预备队炮兵加强给了他。

第三个师长坚决按照朱可夫的意图发起了进攻,最后终于攻占了这个要地。

美国学者奥·钱尼在谈到这个故事时说:“这个事情奠定了朱可夫在斯大林心目中的位置。在整个第二次世界大战期间,朱可夫成为斯大林的困难排除人,被派遣去解决一个又一个危急的问题!”

我不会接受任何人、以任何所谓类似的举动来削弱祖国的战斗力。——戴高乐

在朱可夫卓越的指挥下，日军遭到歼灭性的打击，伤亡和被俘了61000人，损失了660架飞机。最后，日军被迫向苏联求和。9月16日，苏联与日本根据达成的停战协定，结束了诺门坎战役。

日军在诺门坎战役遭到失败后，这才感到自己不是苏联的对手，进攻苏联无异于以卵击石，得不偿失，陆军不再坚持北进战略。这样，北进战略发生了动摇。不久，日本放弃南北并进战略，开始推行南进战略——太平洋战争的爆发，就是日本南进战略的产物。因此，朱可夫通过诺门坎战役，成为改写了历史的人。或许正因为如此，当朱可夫回到莫斯科时，斯大林亲自接见他，表示祝贺与感谢，并授予他苏联英雄称号。

没有是非判断，就没有卓有成效的领导行为。一位优秀的名将不能只是随大流，而是要成为中流砥柱，勇敢地在最关键时刻站出来说："不，不应该那样，而应该这样……"如果这个"不"是向他的上司提出的，那么他必须在以后的实践中证明自己的"不"，是多么的符合事实。

◆4◆ 他敢于在斯大林面前说"不"

1941年6月22日凌晨，纳粹德国发动了代号为"巴巴洛萨"的进攻苏联的战争。

战争初期，苏军被打3个措手不及，损失严重。为了抵抗侵略，

战胜希特勒法西斯军队，苏联在战争爆发的第二天就成立了统帅部大本营。这个大本营有斯大林、朱可夫、莫洛托夫（外长）、伏罗希洛夫（国防人民委员）、布琼尼（第一副国防人民委员）等人。当时，朱可夫任副国防人民委员兼总参谋长。

可是，不久斯大林就撤销了朱可夫总参谋长的职务。这是怎么一回事？

作为总参谋长，朱可夫是统帅部大本营的军事指挥机关最高首长，自然要对战局心中有数。当时，苏联从北到南所有方向都面临严重局面。他根据战场情况认为，对付德军快速兵团从行进间突破的最好战法是反突击行动，通过实施积极防御，稳住战线，消耗和杀伤敌军。而这个战法要满足两个条件：一个是在苏军重兵集团面临被德军合围和歼灭的威胁下，尽快把他们从敌人的突击下撤出来，避免重大失败和无谓的损失；另一个是收拢撤出的重兵集团，然后实施反突击。朱可夫根据战场情况，认为当务之急是放弃基辅，收缩兵力，再实施反突击。否则，乌克兰方向的苏军将面临被德军南方集团军群全部歼灭的危险。形象一点说，朱可夫是想在乌克兰方向收拢拳头，再打人。

然而，这个企图与斯大林的"寸土必守，坚持现在阵地实施反攻"的作战理念相违背。于是，7月29日朱可夫打电话给斯大林，准备当面汇报自己的想法。10分钟后，斯大林在自己的办公室接见了朱可夫。当时在场的还有苏联副国防人民委员兼苏军总政治部主任列夫·扎哈罗维奇·梅赫利斯。

斯大林在听部下汇报时，有一个习惯，就是不喜欢坐着，而总是捏着烟斗，即便是烟斗里的烟熄灭了，也拿着它在房间里走来走去，时不时地停下来，走近对方，用烟斗压理着短胡子，直视对方的眼睛。斯大林说话声音很低，也不喜欢笑，即便是笑起来，声音也不大，几乎听不到声音。朱可夫在回忆录里说，斯大林意志坚

每个人都害怕，越是聪明的人，越是害怕。勇敢的人是这样一些人，他们不顾害怕，强迫自己坚持去做。——巴顿

强，性情深沉，目光锐利，但容易冲动。

斯大林一边在房间里走来走去，一边听着朱可夫的汇报。当他听到朱可夫介绍德军将可能向坚守基辅地域的苏军西南方面军翼侧和后方实施突击时，突然停下来，问："你的建议是什么？"

朱可夫回答："首先应该加强从西部增援，给配合西南方面军作战的中央方面军一个集团军。"

斯大林马上打断他的话说："你是怎么了？难道你认为可以削弱莫斯科方向吗？"

西部白俄罗斯方向担负着莫斯科方向的屏障作用，从这个方向抽调一个集团军加强给西南方向，意味着要减少莫斯科方向的防御力量。所以斯大林这样问。

朱可夫回答："不，我不是这样认为的。我认为，这个方向的敌人暂时不会向莫斯科方向推进。我们可以在半个月的时间里，从远东调来8个师加强而不是削弱莫斯科方向。"

这时，梅赫利斯挖苦朱可夫说："那是不是想把远东送给日本人？"

朱可夫看了一眼梅赫利斯，没有理他，继续对斯大林说："我们一方面向中央方面军加强兵力，另一方面将西南方面军立即撤出到第聂伯河，使西南方面军与中央方面军形成一个拳头，伺机打出去。"

斯大林听后，捏着烟斗，走近朱可夫，用严厉的目光看着他问："那么基辅怎么办？"

朱可夫知道最关键的时刻要到了。他知道斯大林不会同意放弃基辅,但他还是要说。他后来说:“作为总参谋长,我有责任建议采取在总参谋部和我本人看来是当前惟一可能的、惟一正确的战略决定。”

于是,朱可夫断然回答:“放弃基辅!”

斯大林没有说话,还是看着朱可夫。这种场景太难堪了。可是,朱可夫还是要把自己的想法说完:“放弃基辅后,我们可以在西南方向马上组织反突击,夺回叶利尼亚突出部,因为德军可能利用叶利尼亚为桥头堡来进攻莫斯科。”

斯大林终于火了!他听到这儿,大声骂道:“哪里还有什么反突击?把基辅交给敌人,亏你想得出!真是胡说八道!”

朱可夫听后,也豁出去了,反驳道:“斯大林同志,如果您认为我这个总参谋长只会胡说八道,那么您还要他干什么?我请求您解除我总参谋长的职务,把我派到前线去,我在那里可能对祖国更有一点好处!”

当时,在场的人都愣了!斯大林在苏联享有绝对的权威,朱可夫这番话,等于在太岁头上动土,在老虎脸上拔胡子。

房间里静得怕人。

好半天,斯大林才说话。他说:“请你冷静一下,缺了列宁我们都行,缺了你更能行。”

朱可夫说:“斯大林同志,我是一名军人,随时准备执行最高统帅部的任何决定。但是,我对形势和作战方法有清醒的看法,我相信这个建议是正确的。我和总参谋部怎么想的,就怎么汇报。”

斯大林摆了摆拿着烟斗的手说:“朱可夫同志,你先出去吧,我们一会儿叫你。”

半个小时后,朱可夫被叫回到斯大林办公室。斯大林对他说:“是这样,我们方才商量了一下,最后决定解除你总参谋长的职

博爱从家里开始，和平亦然。——罗斯福

务，由沙波什尼科夫接替。不过，你还是统帅部的成员和副国防人民委员。我想让你到作战部队去。”

朱可夫问：“到哪个部队？”

斯大林反问：“你愿意到哪里？”

朱可夫回答：“我可以做任何一项工作，可以指挥一个师，一个军，一个集团军和一个方面军。”

斯大林听出朱可夫有气，反而笑着安慰他：“冷静些，冷静些。”他想了一会儿，说：“你方才说你要在叶利尼亚组织一次反突击，我想就让你负责这件事吧，到那里任预备队方面军司令。你打算什么时候动身？”

朱可夫马上回答：“一小时以后！”

就这样，因为在作战问题上的分歧，并且顶撞了斯大林，朱可夫被撤销了总参谋长的职务。

然而，后来的战局发展证明，朱可夫的战略决策是正确的。叶利尼亚战役，是朱可夫在苏德战争中指挥的首次战役，并且取得了胜利。而这是苏军在战争爆发后取得的最大的一次振奋人心的胜利，极大地鼓舞了军民的斗志。9月6日，当叶利尼亚战役胜利后的当天，朱可夫就给斯大林打电报汇报战果。

斯大林当时没有说什么。但是，9月9日，沙波什尼科夫电令朱可夫立即飞往莫斯科，在当天20时前见斯大林。

电报没有说什么，但是给予朱可夫的时间太紧了。按照电报要求，朱可夫不可能按时赶回去。

斯大林有一个脾气，他不允许部下迟到，哪怕是一分钟。可是，朱可夫偏偏迟到了一个小时。

当朱可夫赶到斯大林的办公室时，只见斯大林和几乎所有的苏共中央政治委员都在场等着他。

朱可夫报告说："对不起，斯大林同志，我迟到了一个小时。"

斯大林看看表说："不，你迟到了一个小时零五分钟。"斯大林的表情非常平静，微笑地看着朱可夫，对他说："请坐，如果饿的话，先吃点东西。"

朱可夫摇摇头，坐了下来。

斯大林又在房间里走来走去，边走边说："朱可夫同志，你处理叶利尼亚突出部的问题结果不错，7月29日那天你的建议是对的……"

就这样，一个最讨厌迟到的统帅，没有责备迟到的朱可夫，斯大林以特有的方式承认了自己的错误。

斯大林接着问："你现在想去哪里？"

朱可夫回答得简单干脆："回前线！"

"回哪一个前线？"

朱可夫又回答："到您认为最需要的前线。"

斯大林听后，脸上露出少有的微笑，对朱可夫说："到列宁格勒吧，现在那里局势危急，最需要你。如果德军占领列宁格勒，就会从东面迂回进攻莫斯科，这样的话，形势会更糟糕。"

斯大林捏着烟斗说："那里所有的部队都归你指挥。你需要带谁去，就带谁去，你可以在全军挑选你需要的人。"

斯大林的这番话，意味着对朱可夫的极其信任。

从那时开始，朱可夫就成为斯大林的救火队员，哪里危急，就被派到哪里去。从列宁格勒到莫斯科，从莫斯科到斯大林格勒，朱可夫一直被作为斯大林在前线的代表，指挥着这些地区苏军的作

要用充分的时间组织一次进攻。——巴顿

战。

斯大林后来高度赞扬了朱可夫。他说:“朱可夫是我的麦克莱伦。(美国内战时期的一位名将,是林肯总统最得力的将军,素有‘西部小拿破仑’之称)。和麦克莱伦一样,朱可夫也总是要求多给些人,多给些枪,还多给些飞机。他总觉得不够。但是,他从来没有打过败仗。”

“人民是我们的母亲,作为军人,最大的痛苦与失职就是不能保护好人民,使他们受到战争的苦难。”这是朱可夫的政治理念之一。这个理念是军人根本的“大德”与“大义”。有“大德”与“大义”的名将,等于打造了一块卓有成效的勋章。

◆5◆ 时刻把人民放在心中

朱可夫出身贫寒,他最能感受到民众的苦与乐,最同情民众的不幸。他把人民视为母亲,认为军人最大的痛苦与失职就是不能保护好人民,使他们受到战争的苦难。这里有两个非常典型的事例。

苏德战争爆发后,希特勒很快把列宁格勒包围了。这个战争魔王叫嚣要把列宁格勒从地球表面上抹去,使其不能住人。他说,这个目标一定要在冬天来临前实现,“以免我们在占领它之后,还要在冬天养活那里的居民”。

列宁格勒是沙皇俄国时期的首都，也是十月革命的摇篮，这个城市的意义对于苏联与德国同样重要。所以，当列宁格勒形势危急时，斯大林把朱可夫派到了那里，希望用朱可夫擎天之手挽救那里的颓势。在送别时，斯大林只说了一句话："我相信你！"

朱可夫是在9月13日抵达列宁格勒的。下飞机后，他立即组织全城的军民实施防御作战。

为了能够长期坚守作战，在全城陷于三面包围、粮食补给基本断绝的情况下，朱可夫在全城实施粮食配给制。军人与修筑工事的妇女，每天配给435克面包；儿童、政府公务员和病人配给218克面包。朱可夫也不例外。他天天到全城跑，视察战场情况，发现问题，及时解决，有时甚至在街道上席地吃饭，吃完再跑。

一天，他到肉类加工厂视察那里的防御阵地回来，一路走，一路看，不知不觉过了吃饭的时间。随行人员提醒他该吃饭了。朱可夫也感觉肚子有点饿了，于是，找个地方，就地啃面包。吃着吃着，他看到有两个小姑娘在不远处望着他。朱可夫向她们招了招手，让她们过来，问小姐妹："你们有什么事吗？"

小姐妹摇了摇头，有点拘谨地说："没有什么事。只是，只是……如果将军不介意的话，我们想为您做点事情。"

朱可夫好奇地说："哦，你们想为我做什么事情呀？"

小姐妹说："我们想用手帮您接着您掉下来的面包渣，然后吃了它们，浪费了多可惜呀。"

朱可夫收起了笑容，脸色十分凝重。正在长身体的孩子，每天的定量不到半斤，她们是饿呀！

朱可夫站起身，把小姐妹揽在怀里，又把面包掰开，分给她们。他对随行人员说："我们的孩子饿成这样，这是我们军人的耻辱。为了她们，我们一定要打败希特勒匪徒！"

文化知识是真正的指挥学校。有了文化，才能合理地运用思想。——戴高乐

另一个事例发生在莫斯科。

朱可夫在列宁格勒指挥了24天，终于迫使德军在那里停止了攻势作战，转入防御。尽管列宁格勒没有打破德军的围城，但是基本上稳定了那里的局势。这时，莫斯科方向又连连告急。斯大林连续两次打电话给朱可夫，让他立即飞到莫斯科，参加指挥莫斯科保卫战。

德军是在9月30日向莫斯科发起进攻的，战役初期，苏军损失很大，局势严重。

当时，斯大林病了，见朱可夫进来，马上站起身，把他引到地图前，对朱可夫说："你瞧，这里的情况是多么的糟糕。你来了，我就放心了。赶快把一切都抓起来，干吧！缺什么，我给你什么，一定不能让德国人攻进莫斯科！"

朱可夫感到责任的重大，任务的艰巨。他马不停蹄地视察战场，听取汇报，布置作战任务。

一天，他到莫斯科西南的奥布宁斯克市视察时，路过一个名叫马洛亚罗斯拉韦茨的小镇。这座小城已被德军的飞机炸毁了。一片废墟。全城的居民都疏散到了后方。

可是，坐在车里，他看见有一个老年妇女在废墟里找什么东西。朱可夫感到奇怪，让司机停车，走了过去。

"老太太，您在找什么呀？"朱可夫问。

那位老太太眼睛睁得大大的，站在那里没有说话，灰色的头发乱蓬蓬的，在秋风中飘曳。

朱可夫更奇怪了,老太太为什么不讲话呀。"您怎么了?"他又追问了一句。

可是,老太太不仅没有回答,而且连看都不再看朱可夫了,弯下腰,又挖起来。

这时,从废墟什么地方又钻出一个妇女,手里提着半袋东西,她对朱可夫说:"将军同志,您不要再问她什么了,她不会回答您的,因为她悲伤得疯了。"

接着,那位妇女讲述了两天前德军飞机轰炸的事情。"这位老太太的儿子在明斯克战役中阵亡了,她和小孙子一起住。德国飞机空袭时,老太太正在井边打水,而孩子却在屋里,她眼看着炸弹落在她的房屋上。

说着说着,这位妇女已经是泪流满面了。朱可夫也难过得流下眼泪。他后来回忆起这件事说:"当时,我难过极了,没能对她们说出任何一句安慰的话。但是,这位老太太的悲哀与痛苦深深地烙在我的心里,不时折磨着我。为了她们,我们必须打赢这场战争!"

各行各业,各个领域都有自己的职业道德。犹如教师教书必须不能误人子弟,企业家生产不能出伪劣产品,政府管理者不能以权谋私一样,军人的职业道德就是在战争中,打得赢,不使人民遭受战争的痛苦。军人的这种道德理念通常化为对战争艺术的追求与对军事工作的永恒热爱,这是一个名将能征善战的根本动力。从朱可夫身上我们看到了这一点。在整个苏联伟大卫国战争中,朱可夫之所以成为斯大林的"救火队员",哪里危急,就出现在哪里,哪里有朱可夫,哪里就化险为夷,背后的原动力,就是他对人民的热爱。

每个人都希望在自己的领域里卓有成效。但是,卓有成效可

我的成功秘诀有三个：第一是决不放弃；第二是，决不、决不放弃；第三个是决不、决不、决不放弃！——丘吉尔

以学会，而不是教会的。从朱可夫的经历似乎可以看出，只有主动挑战自己的目标和应对挑战，在亲身实践中思考问题的背后是什么，探究一条适合自己的路径，才能真正做到卓有成效。借用佛教的语言："借来的火种，点不亮自己的心灵。"

第八章

1940年，戴高乐将军拯救了我们的荣誉。1944年，他领导我们走向解放和胜利。1958年，他把我们从内战的威胁中救了出来。他使法国有了今天自己的制度以及独立和强大的国际地位。

——[法]乔治·蓬皮杜

2006年初，法国展开了一次“谁是法国现代最杰出的总统和哪位总统对国家的发展贡献最大”的大讨论。根据民意调查机构的社会调查结果显示，戴高乐在民众心中的威望最高，39%的受访者认为他是最杰出的总统，他对国家的发展贡献最大。这一结果远远超出前总统密特朗和现任总统希拉克的得票率。那么，戴高乐为什么在其身后30多年仍然在法国民众中有如此魅力呢？一位法国老人说：因为他把国家最耻辱的一页掀了过去，并魔术般打造了一个新法国！

掀过国家最耻辱一页的夏尔·戴高乐

中国有句俚语，叫“三岁看大”。这句话似乎有武断之嫌，却也有一定道理，因为从儿童心理学上讲，人幼年时的行为品格对他的未来影响很大。戴高乐就是这样一个实例。

◆1◆ 崇拜英雄、敢想敢做、不怕打罚的个性童年

1990年11月22日，戴高乐出生于法国巴黎的一个显赫家族中。戴高乐的家族有着浓郁的爱国主义气氛。远祖让·戴高乐是一个骑士，曾任奥尔良总督，他在英法三十年战争中，宁可丢掉在诺曼底的封地，也不向英国人投降，表现了一种气节。1870年，普法战争法国战败带来的耻辱，深深刺伤了他们一家。他的母亲约瑟芬·马约夫人曾不止一次地对戴高乐讲起她目睹法国名将巴赞元帅闻知法国战败的消息痛哭不止的情景，并经常带着小戴高乐到当年老戴高乐浴血奋战的战场，凭吊阵亡的烈士，大声要求孩子：

“把墓志铭上的话念一遍，永远记住它！”

墓志铭上赫然镌刻着：

在英勇的烈士手中被截断的法国宝剑，将由后辈重新锻造！

戴高乐大声念着，终生没有忘记。晚年时，他谈到自己在法国外交政策中所担任的角色时说：“我所做的一切，都是为了普法战争的悲剧不再出现在我所热爱的祖国！”

在家庭的影响下，戴高乐对法国历史上爱国主义者的崇拜到了痴迷的地步。他的小书架上多为这些爱国人物的书籍。圣女贞德是英法战争中的英雄，有关这位女英雄的书，他看过多遍。戴高乐的儿子菲利普在回忆父亲时说：“我记得很清楚，父亲的藏书里有一本关于贞德1429年在帕泰大战英军的故事，那场会战歼敌4000多人，生擒了敌军司令塔尔博。那场会战的全过程，父亲都能生动地复述出来。”

幼时的戴高乐十分好动。四个儿子中，他是最不安静的。在学校读书时，下课后他不是从楼梯上走下来，而是喜欢从楼梯的栏杆上滑下来。他做事不喜欢四平八稳，即使没有什么着急的事，他也要急匆匆地做。每天，他总是以最快的速度写完作业，然后做他真正感兴趣的事情。因此，老师留的作业他时常因为马马虎虎而受到批评。戴高乐经常为这些毛手毛脚的做法付出代价——他的一生只挨过爸爸的一次耳光，可是在兄弟姐妹中，遭受被关在家里不许出门、不准吃点心、不准玩、不准看戏、不准到公园里散步等惩罚最多的，非他莫属了！戴高乐的父亲是一位校长兼老师，他更喜欢刻苦而听话的孩子。在他的四个儿子中，他最不喜欢的就是夏尔·戴高乐。

然而，戴高乐对父亲还是非常地敬重。他在给自己的儿子讲述童年时的事情时，经常提起父亲对孩子的教育还是非常成功

我还欠法国和法国人民一件事没有做，那就是作为一个品德操守上没有缺陷的人辞职。——戴高乐

的。他说："你们的祖父告诉我，'孩子们做游戏也好，适当休息也罢，锻炼身体也行，最根本的一条是要让他们有事可做。小孩子去上学、做工、种田都可以，就是不能让他们在乡下或城里闲逛，不能让他们游手好闲。'他的这句话我终生没有忘记，永远要做事，你们祖父的这句话我终身获益。"

一个人的一生，有顺有逆，有丰有欠，有喜有悲……人，不可能总是一马平川地向前，不时还会有坎坎坷坷；人，不可能总是艳阳高照，不时也会有乌云密布。很多人往往过得了顺境，却难以应付逆境。人享受快乐容易，但度过逆境难。然而，一个成功者与一个失败者，一个有大志的人与一个不思进取的人，很大的区别之一就是如何面对逆境。

◆2◆ 在一生中最黑暗的日子里，他获取了一生事业最大的资本

从戴高乐一生的经历上看，越是不顺的环境，他越是显现出坚韧的性格。普法战争以后，有一段时间法军的声望降到了最低点。以前法国人对军人、军队、军装和军旗的崇拜已被不信任和蔑视所取代。民众不再颂扬军队，青年人也不再羡慕军人。就连法国最著名的圣西尔军校也不再是法国青年心目中的殿堂。19世纪末，每年报考这所军校的有2000人，然而到了1908年，只有300人报考。

而戴高乐偏偏在这个时候选定把圣西尔军校作为自己未来发展的第一个阶梯。1909年仲夏的一天，他背着行囊离开巴黎到阿拉斯法军步兵第33团当兵。因为根据法令，报考圣西尔军校的新生必须先到连队当兵锻炼一年。一年后，他怀着兴奋的心情考入心目中的殿堂圣西尔军校读书。

圣西尔军校是以法国历史上最年轻的一个圣徒的名字命名，它的名字与拿破仑连在一起。因为，是拿破仑把这所学校改造成一所著名的军校，从那时起，几乎所有法国军队的高级将领都出自这所学校。对于为什么要在军队声望最低的时候还要报考军校，戴高乐后来回忆说："我之所以报考圣西尔军校，完全是为了阿尔萨斯、洛林，我想让法兰西的旗帜发出耀眼的光芒。""尽管军队有来自各方面的苛责之词，但是我暗中充满希望地期待着军队能起到举足轻重作用的日子将会来临。"

从戴高乐自己的解释中，可以看出他在这一时期报考圣西尔军校，选择当一名军人，既有爱国主义的志向，又有理想主义的成分。这两点使得戴高乐学习成绩优异，并以排名第13的成绩毕业，成为一名军官。

然而，就在他准备在军队中大展鸿图之时，用戴高乐自己的话说，进入了一生中最为黑暗的日子。

1914年6月，第一次世界大战爆发。戴高乐在步兵第33团任连长。1916年3月2日，他在号称"绞肉机"的凡尔登战役中，与德军白刃格斗，身负重伤，不幸被俘，进了德军的战俘营。

戴高乐是一个斗士，性情倔强，他怎么能忍受在战俘营中被迫为德军服苦役的生活！在3年又3个月的战俘营生活里，他做了几件事。

逃跑：被俘后，戴高乐被送到尼斯战俘收容所。在这里，他把伤养好，然后就琢磨如何逃跑，回到法国继续作战。一天，他偷到

作为战争的指挥者，如果我们不要求严格执行在西点军校所学的那种纪律，我们就是凶手和自戕者。——巴顿

一套德军军士的服装换上，悄悄地溜出了收容所。可是，这次逃跑失败了。因为，他的个子太高了，而他偷的那身德军军装却太小了，衣袖刚到胳膊肘，裤腿也仅过膝盖，看起来非常滑稽可笑。所以他没有逃多远就被抓了回来。随后，他被关进设在立陶宛的茨祖律津惩戒营。这里是气候更为恶劣、条件极差的地方。

五个月后，他被送到因戈尔施塔特第9堡垒战俘营，这里戒备森严，专门关押曾经试图逃跑的战俘。然而，戴高乐脑子里惟一的念头就是逃跑，他甚至觉得这是自己作为战俘继续活下去的惟一理由。这次怎么逃跑？戴高乐想出了一个办法——自残！他偷偷地服用了大量的苦味酸，这是一种做柠檬水的原料，喝多了会出现一系列特别可怕的重度黄疸症状，脸黄、眼黄、尿黄等等。当时，戴高乐喝完照镜子时，连他自己都吓坏了。不过他终于如愿以偿，很快被送到当地战俘医院治疗。

在医院里，他找到了一个机会，与另一个名叫迪派的法军少尉商定逃跑。他们又偷来一套德军军装，迪派化装成德军护士，搀扶着假装生病的戴高乐，混出了大门，立即向瑞士方向逃跑。可是，这一次又失败了。因为，路上五天五夜又冷又饿的路程，使他们疲倦不堪，像流浪汉一样狼狈。因此，当他们走到乌尔姆时被德军发现，又被抓回了战俘营。

就这样，戴高乐一连逃跑了七次，最终还是没有逃出去。德军对这个法国大个子屡教不改的逃跑行为极为恼火，再次把他条件相对较好的罗森贝格战俘营送回戈尔施塔特第9堡垒战俘营关

押。

狼有一个非常独特的性格，这就是屡战屡败，却仍然屡败屡战。从戴高乐数次逃跑的经历，可以看出他就具有狼一样的性格，从不因为失败而轻言放弃。晚年，戴高乐非常愿意讲述这些越狱的经历，甚至比讲述自己参加的著名战役还要多。他的儿子回忆说："父亲讲述这些经历时，没有一丝渲染，完全是平铺直叙，但是非常仔细，就像作战斗总结一样。"戴高乐之所以如此，完全是想用这种方式减轻自己因为被俘而感受到的耻辱。

学习：逃跑不成，也不能老老实实地当战俘。戴高乐对曾经给予法国奇耻大辱的德国极为仇视，为了打败德国，他必须要了解德国。于是，他利用在战俘营的时间，开始了对德国国情与民族特点的了解。戴高乐德文水平不错，能够熟练地阅读德文报纸。他通过狱中的德文报纸，密切关注战争的发展，而报纸中所披露的事情，是在实行严格新闻检查制度的法国难以看到的。他做了许多摘记，在狱中的这些收获，后来成为他撰写第一部著作《敌人内部倾轧》的基本资料。

交友：人不仅具有自然属性，同时也具有社会属性，在什么情况下都需要有交流。交流的方式、内容与交流的质量，决定着能否成为交流场的磁心，能否通过交流营造一个良好的人际关系，也反映出这个人的素质和能力。

俘虏们的生活是寂寞的。常年处于高墙与铁丝网、看守与机枪监视下的战俘，最容易陷入可怕得令人窒息的苦闷、不安、恐惧与绝望的氛围里。然而，生性好动的戴高乐一刻也不想静下来，他经常主动与大家交流。他利用自己的知识，在狱中给大家讲战略课，向狱友们介绍战争过程，交流作战体会。他被俘时，坦克还没有出现在战场上。可是，他在狱中从德文报纸上看到英国人在索姆河战役中首次使用坦克的消息，马上敏锐地感觉到这个新装备

抵抗赤裸裸的武力，只能依靠赤裸裸的武力。——罗斯福

的巨大潜力，他指着报纸上刊载的坦克照片对狱友们说："这个看起来笨重的大家伙的出色表现，很可能预示着它会成为未来战场上的天使。"

坦克——今天的"丑小鸭"，明天的"白天鹅"，这一前瞻性认识，竟然出自戴高乐在狱中的学习。如果没有独特的思维模式，如果没有在逆境中仍然保持积极向上的精神，如果没有深厚的专业知识，一个人很难对一件没有接触过的新事物做出准确的预测与判断。

他的狱友雷米·鲁尔曾经这样评价战俘营中的戴高乐：

"这位个性倔强、看起来有些冷漠的年轻人，身上有一种坚强的意志，他善于克制自己的精神危机和感情冲动，他一刻也不愿意闲下来。但是从他身上我看到了法国人沉着、理智、自我克制的优点。如果司汤达还活着，他们肯定会成为莫逆之交。他总是抓住时机增长见识，而且非常乐意毫无保留地把知识传授给别人。他是我们这个圈子中的核心。大家对他产生一种敬畏之感，把他称作'大元帅'。"

25年后，英国首相丘吉尔也称戴高乐为"大元帅"。从狱友们的戏称到他国首脑的尊称，这是靠戴高乐自身永不屈服的个性得来的。

经济学中的"路径依赖"理论认为，社会中往往存在一种现象：当各种事件以特定方式展开，并使过程与制度变得僵化和不

可改变，进而会对经济过程和经济制度产生影响。当外部条件改变时，人们往往顺应从前的旧制度、旧习惯、旧思想和旧技术。因此，一个想要成功的人应该跳出这种“路径依赖”模式，以敏锐的思维认识事物，成为新事物的创造者。

◆3◆ 一句夸张的评价钩沉起一段新与旧的碰撞

法国作家博那尔在《夏尔·戴高乐》一书中，引用了一位法国人对德国人讲的一句话：“德国人赢得战争只花了15个法郎——戴高乐那本书的售价。”评价不免有些夸张，背后却是一段真实的历史。

第一次世界大战结束后，以坦克为代表的进攻性武器得到迅速发展。然而，取得这场战争胜利的法国却忽视了坦克给战争形态可能带来的革命性变化，仍执着于上一场战争胜利的经验，认为阵地战将是下一次战争的主要作战方式，发动战争者将在坚固的阵地防御面前得不偿失。于是，法军实行短期兵役制，教育军官不得采取主动、冒险精神，减少一切与敌军进行机动战和遭遇战的可能，修建马其诺防线等等。这种思想还影响到了坦克的设计。法军要求坦克设计不考虑机动作战的要求，而强调其防护性能，结果法国生产的坦克都极为笨拙。

胜利者最容易保守！因为，他们具有“路径依赖”心理，习惯于用已知经验和一度被证明有效的思维去认识事物，指导自己的行为。

然而，在法军还有一个人不是这样。这个人就是戴高乐。

从战俘营中走出来的戴高乐最强烈的心理感受是耻辱！更为重要的是他把个人的耻辱广而及之到国家的耻辱。这个酷爱历史学的军人，从德国与法国的历史中预感到，现在被《凡尔赛和约》

在所有努力中，士兵们最伟大。你们面临死亡而无所畏惧，承受着战争的痛苦，……然而，你们顶住了，……你们的力量与意志还能把这一切痛苦还给你们的敌人，远远超出他们所能经受的。——马歇尔

锁住的德国虎，只是暂时休整。他特别赞同法国元帅福煦对时局的评价："这不是和平，这只不过是20年的休战期！"他知道德国迟早会复仇。为了法国不再像普法战争那样遭受割疆裂土的失败耻辱，为了不让法国军人再成为德军战俘营的"客人"，法国必须时刻保持对德国的战略优势。

法国是一个大陆国家，缺乏天然的安全障碍，这就要求法国必须保持一支数量较大的武装力量。可是，要想拥有一支数量较大的武装力量，前提是有充足的兵源。然而，在对19世纪20年代法国人口进行调查分析后，戴高乐大吃一惊。他发现法国人口下降速度大大快于德国。第一次世界大战前，法国每年出生人口83万，而到20年代后期，年出生人口仅为62万。一个世纪前，法国人口占欧洲总人口的1/6，而此时则仅占欧洲总人口的1/16。

于是，他得出结论：在兵力数量上，法国无法取得对德国的优势。数量上的劣势必须以武器装备和作战样式上的优势来弥补。于是，他提出建立一支强有力的、快速的、能突击、数量少却质量精的军队。

为了使自己的新思想立得住脚，他到处考察与求证。他曾专门跑到总部调查法军有关建设的情况。通过调查，戴高乐发现法军中的保守思想远远比他想象得严重。法军最高统帅部根本不愿意吸取任何关于广泛和独立使用坦克兵团的建议。戴高乐因此吃过几次闭门羹。法军还在执行1921年由贝当元帅主持制定的《作战条例》，这个条例明确规定：步兵是主要突击力量，在发起进攻

前，应在坦克和飞机的可能帮助下，由炮兵先进行射击，尔后给予支援；坦克只是步兵的支援力量。

这个条例就是法军在第一次世界大战中使用的战术！

戴高乐心里非常着急！他不想再拖延自己新思想的实施，因为他认为战争迫在眉睫。他打算利用舆论阐发自己的观点。这时，他已意识到，通过正常渠道让军方上层接受自己的思想，简直太幼稚了。于是，他决定公开向社会发表自己的见解。

1933年5月10日，戴高乐在法国一本名叫《政治与议会评论》的杂志发表了一篇文章，题目是《建立职业军》。他原本打算一石激起千层浪，引起军内外轰动，不料，却如同雪花落水无声无息。这时，他的朋友善意地劝告他，不要再这样执着，这样做是费力不讨好。

戴高乐说："不，我决不放弃，因为这是我的使命！"

朋友说："使命？使命有前程大吗？官运就是前程！你再这样下去，开罪了他们，就会连吃饭的饭桌都没有了。"

然而，戴高乐在"官运"与"使命"两者间，坚定地选定了后者。他看到，面对军内的保守派，单凭一篇文章远远不够。于是，他决定把文章进一步充实，写成一本专著。

经过一年多的努力，1934年3月，法国贝格热—莱夫罗尔出版公司出版了他的专著《建立职业军》。这部书篇幅不长，仅为200页，定价15个法郎，然而，却从六个方面全面论述了建立一支现代机械化部队的重要性。

他在书中分析认为：英国和美国由于海洋阻隔，敌人难以进攻；德国的权力中心和工业中心十分分散，不易一举摧毁；西班牙有比利牛斯山作为屏障；意大利有阿尔卑斯山的保护。而法国四周边境几乎一马平川，缺乏天然屏障的保护，尤其是首都巴黎，对任何来犯之敌都极难防守。这样的地理环境，一旦打起现代战如果一个国家的军队对国家的幸福和个人与整体关系缺乏简明的和共同的理解，那么取得胜利的代价肯定要增加，胜利本身也将遭到严重危害。——艾森豪威尔

争，法国要想御敌于国门之外，单纯依靠修筑坚固的防线肯定无济于事。惟有由专业军人组成机械化部队，在航空兵的支援下实施机动作战，积极防御，才能有效迎击来犯之敌，确保法国的安全。为此，他主张建立一支由10万职业军人组成的机械化部队——6个机动装甲师。“这支由精兵和专业人员组成的部队，具有极大的机动能力、毁灭性火力以及以突袭方式投入任何战线的能力。”他认为这支部队将是保卫法国的一把“利剑”。

可是，尽管社会上评价这部书可以同克劳塞维茨的《战争论》相媲美，却仍然“无人喝彩”，法军高层还是无动于衷，继续他们原有的理念建设军队。满脑子保守主义的当权者们认为，他们不惜巨资修筑的马其诺防线固若金汤，根本不用担心德军的机械化部队进攻。一些军界和政界要员纷纷出面批判戴高乐的“离经叛道”之论。当时的国防部长莫兰将军在议会公开宣称：“我们已经花费了这么大的力量筑成了这样坚固的防线，难道我们竟会发疯似的越过这条防线去进行莫名其妙的冒险吗？”他甚至冲着戴高乐喊：“别了，戴高乐！只要我在，就没你的出头之日！”年近八旬的元帅贝当是戴高乐的恩师，一向器重戴高乐，但也把戴高乐的理论当成玩笑。

面对法国军政当局的冷遇和打压，戴高乐并没有放弃，他竭力游说，四处奔走呼号，然而知音难觅，弦断无人听。

《建立职业军》在法国很少有人问津，然而在德国却引起了纳粹将军们的极大兴趣。德军参谋总部在《论机械化战争》的机密手

册中，原原本本地引用了这本书。尤其是古德里安，这个一直跟踪研究坦克战的德国将军，得到这本书后如获至宝。他把戴高乐的思想与自己的主张糅合在一起，形成了自己的装甲师编制和坦克战术，在二战中名噪一时。1940年5月10日，古德里安的第19装甲军突击阿登山区，12日抵达马斯河，13日强渡马斯河。之后，这支部队以每昼夜20至40公里的速度在法兰西的国土上驰骋。18日包围亚眠，19日到达贝隆，20日抵达英吉利海峡，把法国一分为二。面对纳粹的疯狂进攻，法国束手无策。一个月后，号称拥有世界上最强大陆军的法国被迫俯首称臣。德军占领法国后，古德里安问一位法国记者："我的那位伟大的法国同行最近在战术上又有些什么新发展？"然而，这位记者竟一时呆若木鸡，不知所云，因为他压根就不知道戴高乐这个名字和他的著作。

15个法郎赢得一场战争，话是夸张，但背后的教训深刻。戴高乐的《建立职业军》是用创造性思维撰写出来的。什么是创造力？创造力是一种心理技能，它的产生是出于一种观念，即新的想法要比旧的想法更有用，由此创意才会源源不断。而法军高层之所以对新的事物漠然视之，同样也是一种观念，即现有的东西比新的东西风险小，也容易操作，这种"路径依赖"心理必然导致固步自封的结果。因此，一个优秀的领导者不仅要具有创造力，更为重要的是，还要具有接受新事物的眼光和胸怀。

"在实力面前，逻辑和感情是无足轻重的。"这是戴高乐在第二次世界大战中体会最深的事情。国家的地位取决于它的实力支撑下的作为。当号称拥有世界上最强大陆军的法国被迫向德国俯首称臣后，他毅然出走英国，高举法兰西民族抵抗火炬，在海外领导抵抗运动，凭借坚毅与无畏的精神捍卫国家的利益，进而掀过法兰西历史上最耻辱的一页。

败退是懦夫,也是要命的。——巴顿

◆4◆ 两个伟人既分歧又合作的关系与实力依托下的作为

1940年5月10日,法西斯德军实施"黄色作战方案",进攻荷兰、比利时、卢森堡和法国。42天以后,号称欧洲最强大的法国与德国结下了城下之盟,签定了投降协定。法国的败亡超出人们的预料,整个军队几乎在瞬间被彻底打垮,只剩下零星游击队。

时任法军准将、曾指挥第4装甲师作战并担任法国国防部与陆军部次长的戴高乐于6月17日出走到了英国伦敦。他对他所服务的那支旧法军痛心疾首,认为是军队的保守葬送了国家。他要在国外领导抵抗运动,尽快重新登上法兰西大地。

然而,事情并不像他所想象得那样顺利。

戴高乐到英国后,就与英国广播公司商议,准备向全体法国民众发表讲话,呼吁他们起来反对法西斯德军的占领,将敌人从家园赶出去。一个外国人要利用广播发表讲话,英国广播公司做不了主,于是,向丘吉尔做了报告。

丘吉尔是典型的英国人,或许是文化的不同,或许是大英帝国的情绪非常浓烈,他对法国人并不是十分友好。他见到戴高乐后的第一句话就问:

"将军阁下,您觉得您一个人能代表法国吗?"

尽管这句话有开玩笑的成分,但是戴高乐脸上已出现了不快。他思考了一会儿,从容地说:"当然能!没有一个政府有权合法地出卖它的国家和人民。现在,法国遭德国入侵,政府成员中只有我坚持抵抗。一旦现任政府宣布投降,我就将代表法国人民执掌战时政权。”

丘吉尔听后,满意地点了点头。因为,丘吉尔担任首相不久就向全体英国人表示:

“我不能给大家许诺什么。我所能付出的只有热血、辛劳、眼泪与汗水!你们要问,我们的政策是什么?我的回答是:竭力一切可能投入全部力量在海上、陆地上和空中进行战争!你们要问,我们的目标是什么?我可以用一个词来答复:胜利!不惜一切代价去争取胜利,无论道路多么遥远和艰难,也要去争取胜利!”

丘吉尔要战胜敌人,就不能没有同盟者。面对着共同敌人,哪怕是做露水夫妻也是必要的策略。他刚刚接到情报:贝当领导的法国当局已宣布放弃抵抗,与德国人停火了。这就等于说,欧洲大陆全部沦陷于德国之手,英国成为欧洲惟一的抵抗国家。丘吉尔认为,必须结成同盟,而且不能有选择。于是,他在听完戴高乐介绍大概要讲的内容后,非常郑重地对戴高乐说:

“明天,我让您在英国广播公司的节目里讲上几分钟,等明天早晨内阁开完会,我再通知您具体的直播时间。”

6月18日18时,戴高乐通过英国广播公司发表了著名的《6·18呼吁书》:

许多年来指挥法国武装力量的领袖们,已经成立了新政府。这一政府断定我国军队失败,已经开始和敌人进行交涉,以便停止敌对行动。……但是,这是最终的结局吗?我们是否必须放弃一切希望?我们的失败是否已成定数而无法挽救了呢?我对这些问题的回答是:不!我是根据事实的充分了解在说话,我说法国的事业没有失败,我请求你们相信我。使我们失败的那些因素,终有一天会使我们转败为胜。

受过训练的美国兵具有几乎独特的品质。他们主动、机智，能适应变化，善于利用有利条件，因此，当他们精通所有正规作战的技术后，就会成为一个最难对付的战士。——艾森豪威尔

我是戴高乐将军，我现在伦敦，我向目前在英国土地上和将来可能来到英国土地上的持有武器或没有武器的法国官兵发出号召，我向目前在英国土地上和将来可能来到英国土地上的军火工厂的一切工程师和技术人员发出号召：无论发生什么事，法国抵抗的火焰都不能熄灭，也绝不会熄灭！

这是一篇号召法国民众参加抵抗运动的檄文。戴高乐特别看重这篇檄文，他把这份用蘸水笔写的演说稿交给自己的妻子，说："好好地保管它。这是我留给孩子们的一份遗产！"

戴高乐与丘吉尔的这次对话，既是这两个伟人正式合作的开始，又是他们为国家利益而产生分歧与争吵的开端。

戴高乐从这次谈话中，深深感到国家没有实力为依托，就不可能有地位。然而，自幼不畏压力的戴高乐，要尽一切可能最大限度地捍卫国家的荣誉。

1940年9月，英法联合远征非洲西部的达喀尔，结果却遭到失败。就战败责任问题，双方出现意见分歧。1941年，戴高乐组织的"自由法国"中的米瑟利耶少将被英国人逮捕，并被指控向法国维希傀儡政府提供了有关远征达喀尔准备情况的情报。戴高乐认为英国此举是想将达喀尔的失败归咎于"自由法国"，他极力捍卫米瑟利耶的荣誉（这位将领后来背叛了他），甚至威胁说，如果不立即释放米瑟利耶，就断绝"自由法国"与英国之间的一切关系。最后英国人认错，把米瑟利耶放了。这一事件成为双方的第一次严重分歧。

戴高乐的不妥协态度和独立姿态让丘吉尔感到厌烦。英国档案显示，1940年9月，丘吉尔曾经考虑过能不能打发戴高乐去跟意大利人打仗。同样，戴高乐也经常指责丘吉尔，认为他过于卑躬屈膝地依附罗斯福。

1943年3月，流亡英国的戴高乐要求回法国视察"自由法国"武装部队，遭到丘吉尔拒绝。戴高乐抗议说，自己受到的待遇与战俘无异。丘吉尔则回应道，必须"直截了当地"告诉这位法国人，叫他怎么做他就得怎么做，他必须留在英国。

1945年4月，丘吉尔断言，戴高乐怀有"无理性的野心……除非我们摆脱他，否则英国无法与法国建立值得信任的关系"。

当然，尽管由于各种原因，戴高乐与丘吉尔的合作充满了分歧与矛盾，但是并不影响他们的合作。因为，两位伟人都知道谁是真正的敌人。丘吉尔非常需要戴高乐及其领导下的抵抗运动。他曾给安全机关下达了一份极为特殊的命令：如果戴高乐打算离开，比如搭乘法国驱逐舰，那么就逮捕他。应该采取必要的安全措施阻止他离开英国。

丘吉尔还尽一切可能让戴高乐参加战争期间重要的国际会议。1943年1月，美英在北非的卡萨布兰卡召开会议，协调两国战略方针和军事行动。这次会议最大的成果是确定了盟军进攻西西里岛的作战行动，以及在太平洋和远东地区近期的作战目标。美国总统罗斯福原来并不打算让戴高乐参加。他主张让法国维希政权的将领参加。可是，丘吉尔想让戴高乐参加这次会议。为此，他曾同罗斯福交换过几次意见，最后终于如愿。戴高乐领导的抵抗运动是一个流亡政府。当时，在英国的流亡政府有好几个，能获得丘吉尔对戴高乐这样待遇的流亡政府，仅此一个。

1944年8月，罗斯福、丘吉尔正式代表本国政府宣布戴高乐领导的法国全国解放委员会有资格执行法国的行政权力，并可以发在任何一个国家生活中的危难时期，在遭到内部或外部敌人进攻的时候，一个能反映共同努力的目的、把所有的人联合起来的号召，具有极其伟大的意义。——朱可夫

行本国的货币。

在矛盾中，他们之间更多的还是敬重。第二次世界大战一结束，两人的命运大相径庭。丘吉尔在本国大选中败下阵来。当时，正在参加波茨坦会议的丘吉尔被迫中断会议回国。他感到无比羞辱，满脑子都是著名作家普卢塔克的名言："对伟大人物的忘恩负义，是一切强大民族的特点。"

而短短几个月后，戴高乐却得到法兰西人民的顶礼膜拜，以100%赞同票当选为临时政府总统。丘吉尔立即给戴高乐写了封祝贺信，写道："普卢塔克错了！"

看完丘吉尔的贺信，戴高乐笑着摇了摇头。这个和自己并肩战斗五年的老朋友啊！尽管在流亡英国的日子里，为了维护法国的尊严和利益，他在丘吉尔面前始终保持了高傲而倔强的态度，甚至多次与之激烈地争吵。但在他孤独的内心里，丘吉尔仍是这个世界上他惟一可以称为"朋友"的人，除此以外，都是敌人、对手或下属。戴高乐说："如果没有丘吉尔，我的努力将会是徒劳的。"

一个是符合法律程序组阁的首相，一个是流亡政府的首领；一个是春风得意马蹄疾，一个是狼狈不堪扼腕叹。然而，短短的5年后，一度春风得意的丘吉尔被民众请下了台，而一度狼狈出逃的戴高乐却被民众以迎接英雄的礼节拥戴回国。二人的命运大相径庭，定律般地说明：政治就是这样奇妙，功劳不在大小，怎样做人才是关键！正是戴高乐具备做伟人的素质，才成就了后来的戴高乐！

第九章

麦克阿瑟是世界上最杰出的指挥官之一，也是一位和平时期的政治家。因为他的存在和他所定下的勇气的标准和特征，世界变得更加美好。不错，他的口号是：责任-荣誉-国家。他是一位伟大的人，一位伟大的将军，也是一位伟大的爱国者。

——[美]赫伯特·胡佛

麦克阿瑟是美国最伟大的军事领导人。他在刚成年的最初时期，就显示了贯穿于他整个生涯的那种品格，即勇气、职业军人的性格、领导艺术以及管理艺术。

——[美]切斯特·尼米兹

这是一个具有狼一般性格的人：在战争中，他打的胜仗如同狼的捕获量一样大；尽管他也曾像狼一样有过失败的捕猎经历，然而，他却把失败的捕猎作为磨炼自己的技能及增添追求成功的动力。有人说他是一名笑对失败、超然前进的将军。

永不言败的道格拉斯·麦克阿瑟

许多中国人大概都很熟悉一张叼着烟斗、戴着墨镜的美国军人的照片，这个美国军人就是道格拉斯·麦克阿瑟。

在美军高级将领中，麦克阿瑟是一个典型的出身于军人世家的军人。他生于1880年1月26日，去世于1964年4月3日。在他一生的军事生涯中，曾担任过旅长、师长、西点军校校长、驻菲律宾美军总司令、美军太平洋西南战区司令、盟军总司令、联合国军总司令等职务，参加过第一次世界大战、太平洋战争和朝鲜战争。

麦克阿瑟和巴顿是美军同时代的名将。两人有相似之处。比如，他们都喜欢研读军事历史、人物传记，都具有惊人的记忆力；他们都热爱战争事业，作战都顽强勇猛；他们都爱兵，巴顿喜欢到野战医院看望伤员，麦克阿瑟经常给阵亡士兵家属写信安慰他们；他们都不胜酒量，却喜欢吸烟；他们都信奉上帝，每逢作战都向主真诚地祈祷；他们都具有惊人的人格魅力，获得了广泛的赞誉和尊敬。

然而，他们之间更多的是不同。巴顿好大喜功，却从不忽略和轻视参谋人员的意见，一旦定下决心，巴顿从不干涉部下的行动，一切功劳都归于部下的努力；而麦克阿瑟则不然，他高傲自我，一旦定下决心，就再也不愿听到“行不通”或“也许行得通”的话；巴顿讲话无论是正式还是非正式场合，都很少用稿子，内容扼要中肯，绘声绘色；而麦克阿瑟则不同，在非正式场合，他谈笑风生，从不停顿以选择词句或组织思路，但在正式讲话时，则总是撰稿，讲求语言修辞……

或许由于经历的不同，巴顿一生只有“血胆英雄”的美誉，而麦克阿瑟则不然。1952年6月25日，美国国会为了表彰他的功绩，破例通过一个决议，批准为他专门制造一枚金质特殊荣誉勋章，这枚勋章上面镌刻着他的肖像和下列文字：

澳大利亚的保护者！

菲律宾的解放者！

日本的征服者！

朝鲜的捍卫者！

中国有句俚语：孩子的第一个老师，就是自己的父母。在西方也是一样，父母对于孩子的成长有着至关重要的影响。麦克阿瑟就是受到了父亲的影响。他自幼崇拜自己的父亲，而这种崇拜产生了他军事生涯中最重要的“跟随”意识(following)。

◆1◆ “我的父亲不仅给予我生命，而且给予了一生中的职业道路”

巴顿有自己的崇拜偶像，这就是潘兴将军。巴顿在赴欧洲作战前，曾专门拜访了潘兴将军。这次拜访有讨教怎样领兵作战的成分，也有从曾经率领美军远征欧洲取得大胜的潘兴身上借一些吉利的成分。不管怎么说，巴顿把潘兴作为心中的英雄。

而麦克阿瑟则不同，尽管他也在潘兴手下干过。第一次世界

在所有军事属性中，最令人羡慕的是勇气。——麦克阿瑟

大战时，他曾任美国远征军第42步兵师、也就是著名的“彩虹师”的师长。他也是潘兴最喜欢的军官。因为麦克阿瑟经常在战场上挟着一根马鞭到处乱跑，或者不呆在旅司令部里，跑到战壕里和士兵在一起，美国远征军司令部的人为此非常头疼(因为美军规定指挥官必须在自己的司令部里工作)，曾准备给予麦克阿瑟处分。处分决定报到潘兴那里后，这个一向讲求严明军纪的美军第一个五星上将马上大声斥责他的部下说：“停止这些胡闹！麦克阿瑟是我们所有人当中最伟大的将领，我还要提拔他当师长呢！”由此可见，潘兴是多么的喜欢麦克阿瑟。

那么，麦克阿瑟最崇拜谁？他最崇拜的是他的父亲。

麦克阿瑟的父亲名叫阿瑟·麦克阿瑟。老麦克阿瑟是苏格兰人的后裔，1863年，林肯总统亲自推荐老麦克阿瑟入西点军校学习。美国内战爆发后，老麦克阿瑟急于参战，竟还在西点军校学习期间托人说情，最后到第24志愿步兵团当一名少尉副官。从此，麦克阿瑟军事家族开始进入显赫阶段。老麦克阿瑟最高军衔是中将，最高职务是美国驻菲律宾首任军事总督。老麦克阿瑟对于他的第三个儿子麦克阿瑟的影响巨大。最主要的影响是他为麦克阿瑟热爱的战争事业搭建了平台。麦克阿瑟与潘兴、马歇尔、艾森豪威尔、布莱德雷和阿诺德这几个美军五星上将不同，他不是那种对军营生活非常向往的平民青少年。当他还是妈妈怀里的婴儿时，他就开始熟悉军营生活。他后来在晚年曾说：“我最早的记忆就是军号声！而这一切，都是我的父亲给我的。我的父亲不仅给予

我生命，而且给予了我一生中的职业道路。”麦克阿瑟从小追求的目标，就是做一名军人，当一名将军。1912年9月5日，老麦克阿瑟因心肌梗塞去世。从那天起，麦克阿瑟一直把父亲的照片走到哪里，带到哪里，半个多世纪从来没有离开过他父亲那张微胖的面容和略带骄傲的目光。为了纪念父亲，麦克阿瑟还把自己的儿子取名为阿瑟。

每一个人都有自己的底线，如果什么事物威胁到这条底线，往往会遭致最强烈的反应。军人的底线是什么？是军人事业目标。当一名军人把军队看作自己的事业去经营时，他的底线就慢慢地明确了。这条底线平时是很少能看得到的。如果有一天这名军人处于选择的关头：要么放弃你的职业，要么放弃你目前所拥有的美好！那么，他可能会毫不犹豫地选择放弃后者，而坚守自己的底线。放弃，也是对生命的一种坚守！没有放弃，就不能经营好自己选择的生命。

◆2◆ “我爱她，但我意识到和她继续生活会威胁到我一生最重要的理念，我懂得如何放弃。”

麦克阿瑟曾经认为：“生活缺少了女人，就非常不完整！”他曾对他人说：“将军的生活是孤独的，因为，将军的荣誉与凄凉共存。”在麦克阿瑟看来，男人如果没有女人分享生活简直是一件多么痛苦的事情。

1921年9月，几位军官开车到西点军校看望已是西点军校校长的麦克阿瑟。这几位军官带着几个女伴，其中一位名叫路易斯·克伦威尔·布鲁克斯，是一个长着苹果脸、棕色眼睛、娇小玲珑、举止活泼可爱的女人。这个女人的祖先是英国最有名的政治家、英分散兵力是战争中的一个最大过失，但像使用所有其他通则一样，适当地运用这个真理要比只是认识这个真理重要得多。
——艾森豪威尔

国资产阶级革命的护国公克伦威尔，她的家族非常富有，财产达1.5亿美元，相当于现在10亿以上的亿万富翁。布鲁克斯有过一次失败的婚姻，离婚后，生活放荡，私生活不检点，有许多绯闻。她曾经和潘兴有过一段婚外恋。她第一次和潘兴上床后，对潘兴说："你要么娶我，要么以后甭想再碰我。"可是，潘兴却看不起她，回答说："和你结婚就好比买一本书给别人看。"然而，在这次会面中，麦克阿瑟偏偏看上了这个女人。西方传记作家说："麦克阿瑟看到布鲁克斯时，仿佛感到世界突然在脚下裂开，他像中弹的小鸟一样从树上落进深渊，顷刻之间就难以自制地拜倒在这位31岁女人的石榴裙下。"麦克阿瑟十分爱自己的这位女友，他俩都认为他们的爱情是有史以来最伟大的爱情之一，肯定是命运的神秘安排。麦克阿瑟特意订在1922年2月14日情人节这一天，作为和布鲁克斯结婚典礼的日子。当时一家美国报纸在头条刊登了他们结婚的消息，这家报纸煽情道："这是战神和财娘的婚配！"

可是，正应了中国的那句话，好得快，散得也快！布鲁克斯习惯于纽约和华盛顿灯红酒绿的社交生活，她很快对麦克阿瑟的军旅活动完全失去兴趣了。据说，她认为麦克阿瑟聪明过人，不应该在戎马生涯中浪费光阴，她希望丈夫退出军界，用中国的话说，去"下海"做生意。然而，麦克阿瑟尽管非常宠爱妻子，可是当妻子的要求对他热爱的军事事业提出挑战时，他毫不犹豫地选择了离婚。1929年6月，麦克阿瑟与布鲁克斯正式离婚。

麦克阿瑟是20世纪最著名的将军之一。他一生经历恶仗无数，然而，他一直把西点军校作为自己一生最重要的精神家园。因为，他认为是西点军校把他塑造成国家的守护神，教会他失败时不屈不挠，成功时不骄不躁，懂得在驾驭他人之前，先驾驭自己，心存高远，笑对世界。

◆3◆ 一生中最重要的精神家园是西点军校

麦克阿瑟认为，军人真正的精神家园，是在军队。他一直把军队作为自己的精神家园。在他一生的军事生涯里，最重要的精神家园是西点军校。

西点军校的全称是美国陆军军官学校。因这所学校位于纽约以北约50英里的哈得孙河西岸，因而得名西点军校。西点军校创办于1802年，在西点军校的花名册里，几乎可以找到所有美国著名的将军的名字。

麦克阿瑟之所以把西点军校作为自己最重要的精神家园，就是因为西点军校的校训使他成长为一代名将。西点军校有一著名校训，这就是"责任—荣誉—国家"。麦克阿瑟与西点军校有着很深的渊源。一个是他本人是西点军校的学生。麦克阿瑟是在1899年考入西点军校的。他在西点军校读书的成绩非常好。西点军校为保证自己的教学质量和学校的牌子，淘汰率极高，大概在三分之一左右。麦克阿瑟入学时，他们班有143名学生，第二年剩下了134名学生，第三年剩下了104名学生，而在毕业时，只剩下91名学生了。而麦克阿瑟在4年西点军校学习中，有3年的成绩始终是第一名。麦克阿瑟在西点军校创造了三个第一：一个是他打破西点军校学生同时约会7个女朋友的记录，他同时处了8个女朋友；另一个第一是刷新了25年来军校学生平均分数为98.14分的记录；还

世界和平乃是避免卷入战争的惟一最终保障。——罗斯福

有一个第一是获取了西点军校学生最高军衔——上尉。

第二次世界大战时,麦克阿瑟在一次记者的采访中说:“父亲灌输了我当兵的思想,而西点军校圆了我当兵的梦,并把我塑造成为国家的守护神!只有上帝和国家才能改变我的行动,而这一点就是西点校训的教育,那是我的精神支柱。”

另外一个渊源,麦克阿瑟当过西点军校的校长。

第一次世界大战结束后,西点军校面临自建校后最衰落的时期。体罚与保守,是西点军校的两大顽疾。当时国会已有人提出方案,主张取消西点军校。哈佛大学校长查尔斯·伊利亚特是其中最激烈的批评者,他撰写文章,猛烈地抨击了西点军校的僵化、死板和因循守旧的教学方法。

为了重振西点军校,陆军部决定让麦克阿瑟到西点军校当校长。麦克阿瑟起初不大想去,他对找他谈话的陆军参谋长派顿·马奇说:“我不是教育家,我是打仗的。况且那里还有许多教过我的教授,我只能尊敬他们,而不能领导他们。”

马奇是麦克阿瑟父亲的副官,他了解麦克阿瑟,认为麦克阿瑟是最好的校长人选,因为麦克阿瑟思想活跃,热爱军事事业,具有创新精神。他威胁麦克阿瑟说:“如果你不去西点军校当校长,你的军衔将重新回到少校。”

美国军衔制度有正式军衔和临时军衔两种。正式军衔一旦被授予,则终生拥有,即使你不担任相应的职务,你的军衔也不会变。而临时军衔则不同,它同职务紧紧挂钩。如果你不担任相应的

职务,你的临时军衔也将随之取消。

在第一次世界大战开始时,麦克阿瑟的正式军衔是少校。由于他作战有方,潘兴提拔他当了师长,临时军衔是准将。战争结束后,麦克阿瑟不再担任师长,面临着退回到少校军衔的问题。从准将退回到少校,这个反差太大了。

麦克阿瑟最怕这一点。于是,他马上说:"好的,我去,谢谢你给了我这样一个职务。"为什么麦克阿瑟马上痛快地答应下来?因为,西点军校校长将被授予正式少将军衔。于是,麦克阿瑟成为西点军校历史上第二个最年轻的校长。当年,他39岁。

任职期间,他时刻把"责任—荣誉—国家"作为治校的座右铭,以整顿纪律,增设课程,主要着眼于未来战争进行军事训练,推行现代化军事教育,很快将西点军校彻底改造成为世界上最杰出的军校之一。为了培养西点军校学生的荣誉感和责任感,他大力开展体育活动。在学校体育馆入口上方,他挂上一块牌子,上面镌刻着他的一句话:

今天,在友好场地上播撒下的种子,

明天,在战场上将收获胜利的果实!

一直到生命的最后阶段,最让他难以忘却的仍然是西点军校。1962年5月12日,82岁高龄的麦克阿瑟,不顾重病缠身,应邀参加西点军校授予他西尔维纳斯·塞耶奖的典礼。他对妻子说:"在美国将军们中,我是获取战功勋章最多的一个人,但我最看重的是这一块,即使手脚并用地爬,也要爬到西点军校去。"

在西点军校,他发表了被称之为他一生中最后一次,也是最精彩、最感人的演说:

"同学们,你们所从事的职业是武装的职业,这种职业需要必

你要想成为一个成功的军人，必须了解历史。——巴顿

胜的意志！在战争中，没有，也不可能有任何东西可以代替胜利。你们是国家安全的守护者、是国家的卫兵、是国家在战争竞技场上的角斗士，如果你们失败了，国家就会灭亡。不要让那些文人政客的争辩牵扯你们的注意力，你们心中只有一个路标，这就是我们西点军校的校训：责任—荣誉—国家。

“我现在老了，耳朵听不见什么了，但我仍然渴望听到军号那迷人的旋律，听到从那长长队列里传来的阵阵鼓声。即使在梦里，我还渴望再次听到炮声、枪声和战场上那奇怪的哀鸣。在记忆中的黄昏，我时常回到西点军校，想起让我魂牵梦绕的校训：责任—荣誉—国家。今天，在我即将淡出人生，淡出世界的前夕，我最后一次和你们一起接受我们西点军校的点名……永别了！”

听了麦克阿瑟这仍然威严而有力的演说，在场的人无不热泪盈眶。

狼是地球上最有灵性和悟性的动物之一。它不停地捕猎，也经常失败。一只狼在草丛里埋伏好几天，却可能连一只羊也抓不到。然而，它们却从来不因为失败而退缩或屈服，甚至没有一点沮丧。面对失败，狼不会抱怨什么，更不会寻找借口。它们要做的只是默默地承受失败，然后从失败的行动中总结经验教训，以便在下一次捕猎行动中避免再次失败。麦克阿瑟就具有狼这般性格，他失败过，并且败得那样惨，甚至美军历史上最庞大的一次缴械

投降的部队就出自他的手中。然而，他却如同狼一样，虽败却斗志不改，愈战愈勇，最终他在失败的废墟中挺起，使自己成为美国历史上最著名的将领之一。

◆4◆ 一生中最有感召力的话——"我出来了，但是我将会回来。"

麦克阿瑟一生说过的话无数，那么为什么说这句话最有感召力呢？这还要从麦克阿瑟军事生涯中最大的一次败仗说起。

1941年12月7日，太平洋战争爆发。当时，麦克阿瑟正在菲律宾担任美军总司令。他率领驻菲律宾美军坚决抗击日军进攻，但仍然抵御不住。麦克阿瑟拒绝罗斯福总统让其撤离菲律宾的命令，找出老麦克阿瑟留下的科尔特45型手枪，准备在关键时刻自杀。他决心与菲律宾共存亡。然而，1942年2月8日，罗斯福总统以国家的名义，再次命令麦克阿瑟及其家属撤离菲律宾。2月22日和23日，罗斯福和马歇尔连续给麦克阿瑟发电报，让其撤离，并允诺麦克阿瑟到澳大利亚指挥盟军反攻。接到总统和马歇尔的电报后，这位斗士哭了。他对妻子说："我生在陆军，长在陆军，一生习惯于服从命令。可是这个命令我真难服从。"最后，他请求总统允许他在他认为必要的情况下撤离。总统同意了。

3月11日深夜，麦克阿瑟在陆军部的一再催促下，携带妻儿登上PT-41号鱼雷快艇，撤离战火纷飞的菲律宾，去澳大利亚接管西南太平洋战区的指挥权。4月9日，在菲律宾巴丹半岛作战的75000名美军投降；5月6日，在菲律宾哥黎希律岛作战的15000名美军投降。日军占领了菲律宾全境。

菲律宾战役是麦克阿瑟从军以来遭到的首次失败，而且败得那样惨。他非常悲伤地说："没想到美军历史上最庞大的一次缴械投降部队竟出在我的手里。"

> 许多人都具有成为将领的潜在能力，……然而他们却从未有过充分培养才能的机遇或训练。我认为将领是天赋加环境的产物。我所说的环境就是指受训练和行使领导权的机遇。——艾森豪威尔

麦克阿瑟认为这是自己的奇耻大辱。尽管他到澳大利亚时受到英雄般的欢迎，因为他的部队毕竟在盟军连遭惨败的最黑暗的时期抗击了日军10周的时间。但是，麦克阿瑟这个一向自负高傲的将军，现在真的一点儿也高兴不起来。到澳大利亚后不久，他对采访他的记者们说："总统命令我冲破日本人的防线，从菲律宾撤离到澳大利亚，目的是要我组织对日本人的反攻，主要目标是解放菲律宾。现在，我出来了，但是，我将会回来！"

"我出来了，但是我将会回来！"战时新闻局认为这句话非常好，建议麦克阿瑟把这句话修改成为："我们将会回来！"然后公开发表，作为激励美国军民战斗的口号。然而，麦克阿瑟断然拒绝说："不，不是**我们**，而是**我**将回来！"

战争给人类带来死亡与悲伤。而死亡与悲伤一旦注入人类的血液，往往发酵成力量与不屈。有时，人们经历过失败，换来的是刻骨铭心的感悟和坚定不移的决心。麦克阿瑟拒绝修改这句话，与其说是这位名将倔强而高傲的个性使然，不如说是这位名将勇于担负起自己的责任。一位名将之所以有无穷的个人魅力，就在于他敢于为自己的一切——胜利的和失败的一切负起责任。这也就是他坚持说"我将会回来"，而不是"我们将会回来的原因"

在此后的太平洋战争中，麦克阿瑟始终把这句话作为激励自己的座右铭。从巴布亚新几内亚到印度尼西亚，从印度尼西亚到菲律宾，为了这个"我将会回来"的使命，他在整个西南太平洋和日军英勇奋战，甚至不惜和自己的同僚、太平洋战区司令尼米兹

争夺主要方向任务，不惜和罗斯福总统争战略优先权。在他的感召下，这句话已远远超出了他个人的感情恩怨，而成为所有在西南太平洋战区作战的美军、英军及被占领国家人民反抗日军侵略斗争的信念。

1944年10月20日，麦克阿瑟终于实现了自己的誓言。这一天，他乘坐"纳什维尔号"旗舰，指挥28万大军实施莱特岛登陆作战。当美军第1骑兵师占领了滩头阵地后，他不顾岸上战斗还远远没有结束的危险，换上崭新的咔叽军装，戴着太阳镜和五星上将帽，气宇轩昂地涉水向岸上走去。他上岸时，正赶上一场暴雨突然到来。他拒绝部下让其避雨的建议，在大雨中发表讲话：菲律宾人民，我，美国陆军五星上将道格拉斯·麦克阿瑟回来了！

麦克阿瑟语气深沉，眼角挂着泪光。他号召大家为了神圣的死者，为了子孙后代，继续战斗，夺取正义的胜利！

麦克阿瑟的泪光，折射出的是名将那种敢于负责任的勇气和承担起责任后的努力带来回报后的欣慰。而能够真正感悟到这种欣慰真谛的只有名将本人。

人生的成功秘诀之一往往在于如何面对失败。有的人可能将失败看成是对自己的一次打击。如果这样，那么他的前一次失败就是下一次失败的种子，最终会成为真正的失败者。而有的人则把失败作为一种磨砺，或者作为自己人生的一种收获。如果是这样，那么前一次失败则成为下一次成功的铺垫。麦克阿瑟说得好："每一名军人都不希望自己打败仗。但是，战争不可能没有失败者。失败者要想成为胜利者，最好的方法是屡败屡战，凭借超人的勇气最终成为胜利者。"

（京）新登字083号

图书在版编目（CIP）数据

为将之道：二战名将的成长之路与管理艺术/马骏著．—北京：中国青年出版社，2006

ISBN 7-5006-6705-1

Ⅰ.为… Ⅱ.马… Ⅲ.管理学 Ⅳ.C93

中国版本图书馆CIP数据核字（2005）第155621号

*

中国青年出版社 出版 发行

社址：北京东四12条21号 邮政编码：100708

网址：www. cyp. com. cn

编辑部电话：（010）84014085 营销中心电话：（010）64065904

三河市君旺印装厂印刷 新华书店经销

*

700×1000 1/16 12.25印张 1插页 120千字

2006年6月北京第1版 2006年6月河北第1次印刷

印数：1－8000册 定价：20.00元